聆听汉字之美

饮食字传

Tales of the Words
for Chinese Cuisine

品物篇

Delicious foods

张一清 著
梁 艳 读

山东友谊出版社

扫描收听本册图书有声版

序言 I

民以食为天，这是从古至今流传数千年的一条最朴素的真理。小到个人，大到人类，生存和发展的首要条件确实是必须填饱肚子。与此同时，两千多年前孔夫子的一句“食不厌精”，算是承启了中华美食代代相传、生生不息的薪火。因此，我们才有幸生活在一个以美食著称的国度里。

日常饮食，无论是妈妈的味道、大厨的手艺，还是小夫妻对照各式菜谱照葫芦画瓢的“处女”之作，都可称之为美食。在品尝美食过程中，一般能引起我们关注和欣赏的，大抵是菜品本身的味道，或者多少也有一些菜品的色泽、形状等等，抑或再把视野稍稍扩大到碗碟杯盏。然而，可能很少有人会对与食物有关的字词发生兴趣。

殊不知，中华文明源远流长，上下几千年，其奥妙无穷的独特魅力之一，正是汉字承载了极其丰富的人文内涵与积淀，即所谓的点画天地、字里乾坤。就说能够给我们带来愉快感受的“香”字吧，它原本由“黍”和“甘”或者“禾”和“甘”构成，而“甘”最初描画的是舌头上面有东西，意思是能够品尝到的甜味；那么，“香”显然就意味着粮食所特有的那种清甜味道了。

由此可见，“香”首先指的是能够被味觉感受到的一种味道，后来才有了嗅觉也能感受到的气味这种意思。其次，用表示农作物的“黍”或“禾”构造表示美好滋味的“香”，一方面说明炊饭在我国的历史十分悠久，另一方面也说明我们中华民族自古就有重视农业的优良传统。

锄禾日当午，无数人用辛勤的汗水造就了餐桌上的饭香菜美；另一方面，大自然的鬼斧神工和技艺卓绝的众多园丁，也给我们营造出草木芬芳的生活环境。饭香花香汇聚交融、相辅相成，让我们的生活充满惬意与诗意。这不由得令我想起了《身边汉字·花草字传》成书的前前后后。

和《花草字传》的成书初衷一样，《饮食字传》也是着眼于身边的事物和日常的汉字，力图在平常生活中发现汉字和中华文化的不同寻常之处，并且梳理这些汉字的源流，为其作"传"。

《花草字传》问世后，宣传推广方面得到了许多朋友的热心帮助，我一直感念于心。

首先，感谢《中国汉字听写大会》总导演、我的好友关正文先生。《花草字传》的新书发布会，适逢关导的另一档走心节目《见字如面》录制前夕，百忙之中，他二话没说赶到发布会现场助阵。这样的朋友真是相当相当靠得住。

我还要向我的好友梁艳主播表示敬意，她那字正腔圆、娓娓道来的唯美声音确实为书增色不少，而且她在录音过程中一丝不苟、孜孜不倦的精神与努力令人钦佩，我们的合作愉快而有成效。

山东友谊出版社的姚文瑞、张继红、韩刚立、姜海涛等出版业翘楚，为前后两个《字传》的策划、编辑、出版、发行等事务，可谓费尽了心血。作为合作者，我敬佩他们和出版社其他同事的职业精神与素养，也感谢他们给予的鼎力支持与帮助。

按照惯例，每出一本小书，由于在写作过程中受到的关怀与帮助，特别是受到的教诲与指点，我都要感谢我的太太胡明女士和女儿张牧笛小姐。这次也不例外，只是又多了一层意思。这层意思是感谢她们二三十年如一日，让我在赞美鼓励声中，义无反顾地爱上了蜗居中的三尺灶台，把自己变成了“下得厨房”的好男人，伙夫与吃货的潜质亦被大大激发。

最后，我必须对两套《字传》的读者朋友表示诚挚的谢意。如果《饮食字传》能够让你们口水涌动，能够让你们对汉字和中华文化产生更加浓厚的兴趣，那将是我最开心的事。期待你们不吝赐教。

张一清

2017 年 4 月 10 日

于海口至五指山途中

序言

从为《花草字传》配音开始，山东友谊出版社的好友姜海涛就约我写序，可自知才疏学浅，没有应承。转眼间《花草字传》出版已经一年的时间了，如今《饮食字传》即将付梓。写到“付梓”一词，脑海中马上跳出《花草字传》中的《梓》那篇文章，更加深切领悟到原来我的收获如此丰厚！也更坚定了我写这篇序的信心。

树高千尺不忘根，水流万里总思源。在这里，我所说的根和源，其一当然是张一清教授。至今仍然记得我们在河南安阳参加《汉字听写大会》录制时的场景。甫抵安阳，我和张教授一起观摩正在进行的大赛现场，并悄声议论着场上选手们的表现时，我发现张教授竟然能神奇预测出选手的易错点，不由钦佩其学识之渊博。过后才知道，张教授早有“谶哥”

之美誉。后来在《花草字传》一场场推介会上，我一次次现场聆听了张教授不重样的对汉字妙趣横生、引人入胜的讲解，并在他的引领下品味着汉字“一字一文化，一字一历史”的奥妙所在。

在拿到《花草字传》配音稿时，对于张教授信手拈来通今博古的知识点，我丝毫不敢懈怠。引经据典处、多音存疑时必查清楚问明白，恐怕那时数不清的提问叨扰了张教授，而张教授有问必答之谦恭，更让我钦佩其为人。尽管没有为《花草字传》写序，但我由衷写下了腰封上的推介语：张一清教授深入浅出地探究汉字前世今生，解析汉字内外乾坤，引经据典生动翔实，融汇古今兼容并蓄。

追根溯源，还要感激好友龙朝朝。可以说，张教授写文我配音的首秀是在龙朝朝的微信公众号上。她独具创意地联合张教授和我的优势，不仅扩大其公众号影响力，也为“身边汉字”系列丛书的出版埋下伏笔。

更要感激好友姜海涛。2004 年出版的我的个人文学作品集《另岸的风景》，便是海涛担纲策划、美编，至今翻看仍匠心独运，她在专业领域的功底可见一斑！而她不仅没有止步不前，还挺立潮头，敏锐地捕捉到汉字推广前景以及文配音形式潜在的影响力，在山东友谊出版社的大力支持下，迅速组织专门团队，不计成本、不求回报、全情投入，不仅推出“身边汉字”系列丛书，更有月历、丝巾等相关文创产品的问世，可以说硕果累累。

特别感谢山东友谊出版社领导姚文瑞、张继红、韩刚立，他们在前后两辑《字传》的整个出版、发行过程中给予鼎力支持。

特别感谢国家汉办副主任夏建辉，专门对《字传》的出版方向提出很多建设性意见；特别感谢尚爱传媒的好友雨浓，不仅在《职业女性》中安排了专访，还在北京青联的微信公众号中进行热心推介，日常生活中讷于言的我，尽管没有当面道过谢，却感念于心。

还要感谢好友李晶晶、中国新闻社的刘红、香港文汇报的杨帆、中国青少年计算机信息服务网的金锐，他们在图书的宣传报道中不遗余力擂鼓助威。

最后感谢姐姐梁莉，她联络各方资源，为图书推广出谋划策，是我强大的后盾。感谢胜似家人的田甜，感谢编辑陈菁在《饮食字传》录制过程中兢兢业业、严格把关，才使音频录制工作得以顺利进行。

感谢生命中有你，因为有你，我不待扬鞭自奋蹄；因为有你，我收获着友情、温暖和感动；因为有你，用辛勤的汗水浇灌出的花朵粲然绽放，点缀着来时路！

不忘初心，方得始终。

梁艳

2017年6月

目录

饮食

yǐnshí

饮食

中国有一句流传了两千多年的俗语——民以食为天。这句话源自司马迁《史记·郦生陆贾列传》中的“王者以民人为天，而民人以食为天”。到了西晋，陈寿在《三国志·吴书·潘濬陆凯传》里，又把这句话改成了：“国以民为本，民以食为天。”

的确，除了传说中的神仙，谁都离不开饮食。饮食对任何人来说，都是十分重要的事情。太史公司马迁在《史记·天官书》中还写道：“谣俗车服，观民饮食。”而唐代文学家、农学家陆龟蒙的《祝牛宫辞》里则有：“耕耨[1]以时，饮食得所。”太史公说的是统治者从老百姓的日常饮食中可以观察到民俗风情；陆龟蒙的意思则

小篆

隶书

楷书

行书

① 这个字读作 nòu，指一种锄草的农具，也表示锄草。

是如果一切农事不失时令，民众的饮食就会有所保障。

“饮”这个字在甲骨文里写成，形似一个人张开嘴、伸出舌头俯在器皿上。当代甲骨学家、古史学家董作宾在《殷历谱》中把“饮”的甲骨文字形解读为“捧尊[2]就饮之形”，意即“饮酒”。许慎在《说文解字》中则用表示“吸、喝”等意思的罕用字“歠[3]”来解释“饮”。段玉裁在《说文解字注》里进一步解释说：“水流入口为饮。引伸之，可饮之物谓之饮。”

由此，我们可以了解到，“饮”最初特指喝酒，后来也表示喝一切液态的东西，再往后则又可以指所有可以喝的东西。

宋代词人辛弃疾填过一阕《水调歌头·九日游云洞和韩南涧尚书韵》，这是他与好友、以“南涧”为号的南宋文人韩元吉的一首唱和之作，词中写道：“为公饮，须一日，三百杯。此山高处东望，云气见[4]蓬莱。”登高观云海，日饮三百杯，这是何等的壮怀豪气。这和词人在另一首作品《念奴娇·西湖和人韵》中所写的“坐中豪气，看君一饮千石[5]”简直如出一辙。

只不过，我们要充分理解文学创作中的夸张与渲染，故而饮酒还是适度为好。

唐代诗人卢照邻有一首《中和乐九章·总歌第九》，诗中有这样两句："餐白玉兮饮琼芳，心思荃兮路阻长。"这两句诗无论是在形式上还是在内容上，应当都借鉴了屈原的《离骚》。诗句的大致意思是诗人以万千花卉及其琼浆玉露当作饮食，心中思念着君王，但与君王之间却又隔着万水千山。句中的"饮"相当于"朝饮木兰之坠露兮⑥"，同时也表示品尝由百花酿成的玉液琼浆。

诗仙李白的好饮、豪饮古今少有，他在《友人会宿》五言诗中写道："涤荡千古愁，留连百壶饮。良宵宜清谈，皓月未能寝。醉来卧空山，天地即衾枕。"诗风是一如既往的豪放。诗中的"饮"指的是"酒"，后来其含义也扩大到所有可以喝的液体，比如现在餐馆里琳琅满目的冷饮和热饮。

② "尊"在这里与"樽"意思相同。

③ 这个字读作 chuò。

④ 这里读作 xiàn，意为显现。

⑤ 这里读作 dàn。

⑥ 出自屈原《离骚》。

临李公麟饮中八仙图（局部）
明
唐寅

“食”这个字在甲骨文里写成，这种字形的下半部分显然形似容器；而上半部分究竟表示什么，不同的人则有不同观点，有的人认为这是表示器物盖子的“亼[7]”，有的人则认为这是倒着写的“口”。

至于“食”最初的含义，主要也存在两种不同观点：一是食用，二是食物等。

这两种观点其实都有合理的地方，因为“食用”与“食物”这两种意思，原本就有非常密切的依存关系——食物必须通过食用才能实现其价值；而食用本身也一定是针对食物的。

《周礼·地官·廪[8]人》中的“则治其粮与其食”，老子《道德经》里的“甘其食，美其服”，以及白居易《卖炭翁》中的“卖炭得钱何所营？身上衣裳⑨口中食”，这几部文献中的“食”指的都是包括粮食在内的食物。

而从“粮”和“食”这两种说法中，我们更能感受到古人的聪明与智慧。古人说“行道曰粮，止居曰食”，意思是出门在外时所准备的食物叫作“粮”，而居家过日子所要存储的食物则称“食”。因为“粮”这个字的右半部分曾写作“估量”的“量”，含有计算、估计等意思。古人在外出求学、打仗或做生意前，必须预估出门在外的大致时间，并据此估计需要携带的口粮数量。

《孟子·梁惠王上》中有：“鸡豚狗彘⑩之畜，无失其时，七十者可以食肉矣。”《战国策·齐策四》中有：“长铗归来乎！食无鱼。”其中的“食”，不论是表示吃肉还是表示吃鱼，总之都与“吃”有关。

⑦这个字读作 jí。

⑧这个字读作 lǐn，指粮仓，也指粮食。

⑨这里读作 cháng，古代指下身穿的裙子一类的衣服。

⑩这个字读作 zhì，意思是猪。

再行一步

对于可供食用的东西，人们既可以自己吃，也可以给别人吃，甚至还可以喂给其他动物吃。因此，“食”也可以表示“拿东西给人或动物吃”的意思，只不过在表示这种意思的时候，“食”要读成 sì。

《诗经·小雅·绵蛮》中的诗句：“饮之食之，教之诲之。”大致意思是给他们吃，给他们喝，也给他们教育和启迪。唐代文人柳宗元《捕蛇者说》中的“谨食之，时而献焉”，表示的则是捕蛇之人喂养蛇并准备进献。

从上文《诗经》中的诗句看，“饮”也具有“把水或其他液体拿给人或动物喝”这样的意思，而且段玉裁在《说文解字注》里也已提及：在表示这种意思时，“饮”读作去声，也就是现在的 yìn。著名的汉代乐府古题《饮马长城窟行》中的“饮”正属此种情况。

实际上，“饮食”本身也有“给人或动物吃喝”的意思。比如，柳宗元《送薛存义之任序》：“河东薛存义将行，柳子载肉于俎，

秋郊饮马图
元
赵孟頫

崇酒[11]于觞，追而送之江之浒[12]，饮食之。”

不过在一般情况下，就像本篇开头提到的，“饮食”大多被用来表示可供饮用和食用的东西。但在有些时候，“饮食”也表“吃喝”之意，当然这里指的是“吃”和“喝”，而不是老舍《月牙儿》中“他供给我吃喝，还给我作了几件新衣”里的“吃喝”。

清代纪晓岚在其《阅微草堂笔记·滦阳消夏录五》里提到：“（聂松岩）言其乡有与狐友者，每宾朋宴集，招之同坐。饮食笑语，无异于人，惟闻声而不睹其形耳。”这种奇闻逸事，自然是小说家言。其中的“饮食”，指的就是“吃”和“喝”。

不过，“吃”虽然多表“食用”，但在有些情况下，它也

⑪“崇酒”，表“斟满酒”之意。
⑫“浒”在此处读作 hǔ，意为水边。

可以指“食物”，例如清代文学家吴敬梓《儒林外史》第十七回：“景兰江叫了一卖一钱二分银子的杂脍、两碟小吃。那小吃一样是炒肉皮，一样就是黄豆芽。”现代文学家老舍先生在其长篇小说《四世同堂》中刻画了抗战时期北平沦陷区中普通老百姓的生活，其中有这样几句话：“这时候不是正卖豌豆黄、爱窝窝、玫瑰枣儿、柿饼子，和天津萝卜么？怎么爷爷总说街上什么零吃也没有卖的呢？”句中的“零吃”指的也是小吃或零食。

然而，“吃”现在的这种字形最初却与“食用”或者“食物”毫无关系，它指的是“口吃”。例如班固在《汉书·张周赵任申屠传》中，就说西汉的汾阴侯周昌“为人吃”。而表示“食用”这种意思的字形，则左半部分为“口”，右半部分为“契”。直到后来，人们才把这种意思转移、合并到了现在的“吃”这种字形。比如汉代经学家、目录学家刘向所整理的贾谊的《新书》，其卷七的《耳痹》中有这样一句话：“越王之穷，至乎吃山草”。

与“吃”在某些情况下也可以表示“食物”这种含义不同，“喝”却只表示“饮用”等行为动作方面的意义。这个字左边的“口”表示字的意思与其有关，右边的“曷[13]”表示字的读音与之接近。

[13] 这个字读作 hé，文言中常用来作疑问代词，表“什么、怎么、为什么”等意。

许慎在《说文解字》中对“喝”的解释是：“潵也。”而这个比较罕用的“潵”字则是“渴”最初的字形，所以，“喝”最初的含义是“口渴”，又由于口渴会导致声音嘶哑，故而“喝”也表“声音嘶哑”之意。不过，在表示这些旧义时，“喝”字读作 yè。西汉司马相如的《子虚赋》中有言：“榜人歌，声流喝”，东汉王充《论衡·气寿》：“儿生，号啼之声鸿朗高畅者寿，嘶喝湿下者夭。”两句中的“喝”均表示声音喑哑、嘶哑之意。

后来，由“口渴就需要喝水”这种隐含的意思，“喝”便又产生了“饮用”这一义项，而其读音也变成了 hē。此外，它还可以表示“大声喊叫”之意，读音则为 hè，如“喝彩、喝令、呵喝”等等。

粮

liáng

糧

从古人所说的“行道曰粮，止居曰食”中，我们不仅可以看出“粮”与“食”之间的紧密关系，而且还能进一步了解到，无论是“粮食”还是“食粮”，它们指的都是供食用的口粮储备。南朝沈约在其撰写的《宋书》中记载了东晋的将领刘敬宣率部伐蜀的历史：“敬宣不得进，食粮尽，军中多疾疫，死者大半，引军还。”该句中的“食粮”，指的就是将士行军打仗时所携带的军粮。

唐初的史学家令狐德棻[1]在其编纂的《周书》中，也记载了北朝的官宦周惠达“营造戎仗，储积食粮，简阅士马，以济军国之务”。句中刻画了周惠达处理军务时的一些细节，包括制造武器、

小篆

隶书

楷书

行书

① 这个字读作 fēn，意思是有香气的木头。

储备粮食与清点考察兵士战马等等。

“粮”这个字左边的“米”表示其含义与“粮食”有关，右半部分最初写成“计量”的“量”，稍后也写成“优良”的“良”，它们都表示字的读音与它们接近。此外，根据古人“行道曰粮”的说法，我们可以推测，“计量”的“量”同时也表示“粮”字中隐含着计算、估量之意，因为出门在外，携带多少粮食是需要预先估计的。

不过，究其本质，“粮”指的就是可供食用的干粮、口粮等，而不一定专表为外出而准备的粮食。西晋文人刘琨曾于永嘉五年被任命为并[2]州刺史。他在赴任的途中写过一首《扶风歌》，诗中有言：“资粮既乏尽，薇蕨[3]安可食？”刘琨在诗中刻画了战乱年代社会动荡、物资匮乏、百姓流离失所的情形，而这两句诗便可以看作整首诗的中心句。

扬鞭催马送粮忙图
宋
燕文贵

现在，我们生活在一个伟大的时代，民众的温饱问题已基本解决，但是，党和国家依然一如既往地重视粮食问题，提倡节约，反对浪费。其实，令我们感到幸福的，不仅仅是人民的生活实现了温饱，更是因为粮食的充足带来食品种类的多样化，使我们的饮食更加多元与健康。你看，就连餐馆与家庭餐桌上的各种杂粮类食物，也是琳琅满目。

作为农作物加工之后的产品，"粮食"其实有很多品种，而一般比较常见的应当是"米"和"面"这两大类。

"米"这个字在甲骨文里写成等，形似纷乱散布的米粒。许慎在《说文解字》中对"米"的解释是："粟实也。"

② "并"在这里读作bīng。

③ 指两种野生植物，其嫩叶可供食用。

其他工具书中也有“谷实”一类义项，即去皮的粮食作物的籽实。

唐代诗人李商隐有一首《自贶[4]》，全诗是这样写的：“陶令弃官后，仰眠书屋中。谁将五斗米，拟换北窗风。”这首诗中运用了不为五斗米折腰的陶渊明的典故，而根据诗的标题，我们不难看出诗人是将陶渊明作为榜样，用以自勉。

宋末元初的赵孟頫，博学多才，尤以书画闻名于世。他曾经作有五言组诗《题耕织图二十四首奉懿旨撰》，其中一首写道：“大家饶米面，何啻百室盈。”参照作者这组诗中的其他作品，再根据唐代诗人杜荀鹤《重阳日有作》中“大家拍手高声唱”等句，我们可以推测，这首诗里面的“大家”，指的应当是“众人、民众”，而赵孟頫的诗句意谓百姓家中米面丰饶，粮食充足的何止百家。诗人将“米”“面”并列，表示的就是粮食。

然而，“面”这个字的字形却有两个来源：一个即这种字形本身；另一个则是在这个字的左边再增加一个“麦子”的“麦”，而且最初右边还有以“丏[5]”

代替“面”的情况。后来，在汉字简化的时候，两个来源出现了合并字形的情形。

第一个来源的“面”是“脸面”的“面”，故甲骨文字形即如一张正面的人脸。宋代诗僧志南那句著名的“吹面不寒杨柳风”，写的便是早春吹到人脸上的微风已不再寒冷。

第二个来源的“面”，左边的“麦”表示字的意思与麦子有关，右边的“面”或“丏”表示字的读音与它接近。许慎在《说文解字》中把这种字形的“面”解释成“麦末也”，即麦子研磨成的粉末。

宋代范成大曾写过一首《蝶恋花》，里面有“秀麦连岗桑叶贱，看看尝面收新茧”一句。词句中的“面”指的正是麦粉，也就是面粉。

④ 这个字读作 kuàng，意为赠予、赐予。在此处与“况”通，表“比”之意。

⑤ 这个字读作 miǎn，意思是遮蔽。

元赵文敏公像
元
赵孟頫

再行一步

“面”和“米”无疑是日常饮食中最重要的主食，而且它们还常常反映出不同地域的人对主食的不同偏好。比如我们一般认为南方人喜食米饭，而北方人则偏爱吃面食。其实，从本质上看，这些饮食习惯应当来源于不同地域农作物的种植差异——南方多种水稻，而北方则以种植小麦、杂粮等为主。

此外，与饮食有关的“米”也常常被用来表示米状的颗粒物，比如“花生米、虾米、海米”等等。而“面”也同样会被用来表示由面粉和水混合制成的条状食物，例如细如发丝的“龙须面”、宽似腰带的“裤带面”，还有山西的“刀削面”、武汉的“热干面”、兰州“拉面”、重庆“小面”、延吉“冷面”，还有陕西的“𰻞𰻞（biángbiáng）面”等等。

由于米粒本身细碎，“米”在言语中往往就被用来表示“很小”或“很少”等意。比如有一种与“沧海一粟”意义相近的说法，叫作“太仓稊[6]米”。唐代诗人白居易喜与好友元稹作诗文唱和，他在《和〈思归乐〉》五言诗中就曾写道：“人生百岁内，天

⑥ 这个字读作 tí，指的是稗子一类的草，其籽实像糜子。

闸口盘车图卷
五代
卫贤

地暂寓形。太仓一稊米，大海一浮萍。”而南宋有一位号“竹坡居士”的文学家周紫芝，他便将自己的一部著作命名为《太仓稊米集》，由此可见古代文人的自谦。

现在，“米”还是一种国际标准长度单位，是“metre”或“meter”的音译，如“4×100米接力”“百米飞人”等。

但是，古代文献中出现的“八米”却与长度无关。这种说法最初意谓谷物的出米率达到八成，即将谷物的籽实去壳之后，精米的重量与谷物总重量的比值大约是0.8。北魏农学家贾思勰在《齐民要术·种谷》中就写道：“锄得十遍，便得八米也。”

根据这种说法，再参照其他文献，我们可知，出米率若能达到“八成”已经是非常难得了，这说明谷物的籽实都比较饱满。

有趣的是，“八米”后来被借去表示人的出众才华，大致含有“才高八斗”的意思。唐代诗人张祜写过一首五言律诗《寄卢载》，诗中有：“少见双鱼信，多闻八米诗。”诗句包含了两个典故：“双鱼信”出自汉乐府《饮马长城窟行》中的“客从远方来，遗我双鲤鱼。呼儿烹鲤鱼，中有尺素书”，指的是“书信”；而“八米诗”的典故则来源于北朝文人卢思道，意谓水平很高的诗文。

卢思道的典故在唐代魏徵等人编撰的《隋书》、李延寿编撰的《北史》中都有记载，内容大致是：文宣帝⑦崩，朝廷令当朝文士各作挽歌十首，择其善者而用之。魏收、阳休之、祖孝徵⑧等人不过见录一二首，唯思道独被选用八首，故而时人称其为“八米卢郎”。

从史书记载来看，卢思道创作的悼念挽诗，十首之中被采用了八首，远远超过其他文人，而且，这种以“八成”入选的情形，与“八米”百分之八十出米率的本义恰巧非常吻合，所以时人

⑦ 指北齐开国帝王高洋。

⑧ 这里读作 zhǐ，原意指古代“五音”之一，而非“征”的繁体字。

才会称之为“八米卢郎”。与此同时，“八米”“八米卢郎”等又被后世用来形容一个人的文采出众，被赋予了特定的内涵。

而十分巧合的是，上述掌故中的主人公卢思道，还有与饮食有关的传闻流传后世。根据《太平广记》《日知录[9]》等文献记载，传闻的大致内容是：

卢思道在北齐为官的时候，曾经出使南陈，南陈君主设宴款待。但是，当时正处于南北政权对峙的时代，而双方的人也是心存芥蒂、明争暗斗，故而在宴会中，当有人提议联句作诗的时候，南陈的一位大臣便吟出：“榆生欲饱汉，草长正肥驴。”对惯食“榆荚”的北方人暗含讥讽。而卢思道听到此言后却不动声色，在轮到他的时候脱口而出：“共甑[10]分炊饭[11]，同铛各煮鱼。”这两句隐含的意味是南方人多精于算计，有时甚至会因此而漠视亲情——一家人共用锅灶，却不一起煮饭、吃饭。

当然，传闻仅仅是一种茶余饭后的谈资，何况在当时那种历史背景下，这更可以被视为一种调侃。而南方、北方传统美食与风俗民情的融合，才是中华文明千百年来的主旋律。

⑨ 为明末清初思想家、史学家顾炎武所著。

⑩ 这个字读作 zèng，是古代的一种炊具。

⑪ 也有版本写作“米”“水”等。但是，“米”尚可讲通，“水”却恐怕是传抄时产生的讹误。

肴

yáo

小篆

隶书

楷书

行书

色香味形俱佳的美食，在让人胃口大开的同时，往往也令人赏心悦目。屈原的《九歌·东皇太一》中，有这样两句：“蕙肴蒸兮兰藉[1]，奠桂酒兮椒浆。”诗句描写了祭神的供品——有用蕙草蒸制、并以兰草衬底的肉食，还有用桂、椒酿造的琼浆。这琳琅满目的祭品是如此丰盛。

与祭神肃穆出尘的氛围相比，宋代诗人张耒和王禹偁[2]的作品就多了一些烟火气。张耒在诗作《游武昌》中写道：“李君见我迎门笑……书室焚香地新扫……盘肴香洁具俄顷，鲙斫寒鱼初出沼。”王禹偁创作的《七夕》里则有：“归来备乞巧，酒肴间瓜果。海物杂时味，罗

① 这里读作 jiè，指的是垫在下面的东西。

② 这个字读作 chēng，多用于人名。

列繁且夥。家人乐熙熙，儿戏舞娑娑。”

张诗中的“盘肴”，王诗中的“酒肴”，指的都是供凡人享用的美味。

“肴”这个字由“六爻[3]”的“爻”和“月”构成。“爻”表示字的读音与它接近，“月”表示字的意思与肉有关。

许慎在《说文解字》中对“肴”的解释是：“啖也。”而段玉裁在《说文解字注》里则认为，许慎的《说文解字》在传抄过程中恐怕有漏字现象，而原文应当是“啖肉也”，意为烹制成熟可供食用的肉。其他古代文献中确实有把“肴”解释成“啖肉”的，也有将之直接解释成“肉”或者“鱼肉”的。

以《七步诗》扬名天下的曹植，有一首五言古诗《侍太子坐》，诗中写道：“清醴盈金觞，肴馔纵横陈。齐人进奇乐，歌者出西秦。”诗中描画的是其陪侍兄长、太子曹丕一同宴饮的场面——美酒佳肴，歌舞升平，从中一点也看不出兄弟之间的嫌隙。

此外，曹植在效法枚乘《七发》、张衡《七辩》等汉大赋的基础上创作了《七启》。其中他借虚构人

岁朝欢庆图
清
姚文瀚

物“镜机子”之口陈述了诸多珍奇美食，最后又向隐士玄微子，即春秋战国时期道家、纵横家的代表人物鬼谷子发出邀请，道：“此肴馔之妙也，子能从我而食之乎？”

曹植在诗和赋中，都提到了意为美食的“肴馔”。“馔”这个字左边的“饣”表示字的意思与食物有关，右边的“巽[4]”

③《周易》中有六十四卦，每一卦都由代表“阳爻”的一道长横和代表“阴爻”的两道短横构成，每一卦中的“阳爻”和“阴爻”加起来都是六个，所以有“六爻”之说。

④ 这个字读作 xùn，为八卦之一，代表风。

表示“馔”在古代的读音与它接近。

许慎在《说文解字》中收录了一种字形：上面是“篡改”的“篡”简省掉底部“厶[5]”之后的部分，下面是“粮食”的“食”的字形[6]，并解释说该字也可被写成“肴馔”的“馔”。对于该字，许慎的解释是：“具食也。”意思是准备、陈设食物，例如《仪礼·聘礼第八》中的“馔于东方”。

由“置办食物”这类意思出发作进一步引申，“馔”后来也有了“饭食”“菜肴”等义项，比如《论语·乡党》：“有盛馔，必变色而作。”孔夫子这句话的大致意思是，如果遇到人家置办美食盛情款待，则一定要面露感激之神色起身致谢。

此外，“馔”在古代还可以表“食用”之意，如《论语·为政》：“有酒食，先生馔，曾[7]是以为孝乎？”这句话是当弟子子夏请教什么是“孝”时，孔子所作的一部分回答，意谓一个人在有食物的时候请父母先吃，难道这就算“孝”吗？其实，我们根据孔子的完整回答，可知他其实认为让父母先享用食物的这种行为，尚不够真正意义上的“孝”，而做儿女的，最难做到的是一辈子对父母和颜悦色。

的确，只要儿女心中始终记挂着父母，那么即便是"菽水承欢"，也已经足够。

"餐"这个字上半部分的"奴[8]"表示字的读音与它接近，下半部分的"食"则表示字的意思与食物有关。许慎对"餐"的解释是："吞也。"意谓进食、食用。成语"风餐露宿"里面的"餐"，意思就是"吃"。

辛弃疾《沁园春·带湖新居将成》中有言："疏篱护竹，莫碍观梅。秋菊堪餐，春兰可佩，留待先生手自栽。"句中的"餐"，其意境虽甚美，但归根结底仍然是"吃"。

由"吃"这一义项进一步引申，"餐"后来又产生了"饭食"之意，就像段玉裁在《说文解字注》中所说："引申之为人所食。"

⑤ 这是"自私"的"私"最初的字形。

⑥ 这个字写作"饙"，是"馔"的异体字，现在已经不使用了。

⑦ 这里读作 zēng，意为"竟，乃"。

⑧ 这个字读作 cán。

再行一步

许慎在《说文解字》中解释“餐”的时候，还提到了“餐”在古代的另一种字形“湌”——其中的“氵”表示进食这种行为与水有关。只是这种字形现在已经不再使用了。

餐食是人每日生活的必需品。汉乐府古诗《饮马长城窟行》中有这样几句：“长跪读素书，书中竟何如？上有加餐食，下有长相忆。”这几句话，既刻画出了妻子捧读家书时的情状，又将外出征人对家人的深切关怀表现得细致入微。

南宋金陵侯、文人吴渊，因与父亲吴柔胜、弟弟吴潜先后中了“进士”，故而史称三人为“吴门三贤”。他在《满江红·雨花台再用弟履斋乌衣园韵》这首词的开篇写道：“秋后钟山，苍翠色、可供餐食。”秋天的紫金山，郁郁苍苍，那一片浓绿仿佛是可餐之秀色。句中的“餐食”即表“进餐、吃饭”之意。

宋代诗僧释文珦[9]的四言诗《华阴有山行》，其中：“餐食沆瀣，乘驾虹霓。下视万国，大仓一稊[10]。”描述的是诗人想象中的群峰之上的诸位神仙。句中的“餐食”虽喻指仙人饱食云雾，

⑨ 这个字读作 xiàng，是一种玉的名称。

⑩ “大”在这里通“太”，“稊”读作 tí。详见《粮》中有关“太仓稊米”的内容。

但其基本含义同样是“进食”。

想象中的神仙能摄取天地精华，草木云霞无不可作饱腹之物，但尘世凡人大概还是离不开鱼肉、菜蔬和米面的。南宋科学家、文学家王灼的五言律诗《拾诸公余韵赠辉禅师兼奉答勾龙伯秋谒广利辉禅师》中有两句：“朝餐荤味少，夜诵篆烟[11]多。”既然是佛门弟子，那么“戒荤”是必然的，而且这里的“荤”指的应当是这个字的原始含义——“具有辛辣刺激性味道的植物”，也就是葱、蒜一类被佛门禁食的东西。具体内容可以参阅《饮食字传·食材篇》里《荤》字一篇。

当然，“荤”现在最常用、最主要的含义基本上等同于“肉食”，因此，一般来讲，与“荤食”“食荤”相对而言的应当是“素食”“食素”。例如北魏贾思勰《齐民要术·素食》：“缹[12]瓜瓠、菌，虽有肉素两法，然此物多充素食，故附素条中。”这儿句话的大致意思人们在是烹制瓜类和菌类时，既可以使用荤油，也可以用素油，只是由于这两类食材大都被视为素菜，所以贾氏便将该内容放在“素食”中解说。

然而，《诗经·魏风·伐檀》中的“彼君子兮，不素食兮”，

⑪ 指盘香的烟缕。

⑫ 这个字读作 fǒu，意思是蒸煮。在这里应当指用水和油文火焖。

以及“彼君子兮，不素餐兮”，两句话中的“素食”或“素餐”，则与相对“荤”而言的“素”没有任何关系。这首诗中的“素”大致相当于“无代价地、无偿地”。因此，《伐檀》中的“素食”或“素餐”，通俗地讲，就是白吃白喝。

宋代诗人石介曾经写过一首名为《感兴》的五言诗，诗中写道：“平居无事时，华厩深祕[13]邃。善谷与丰草，秣[14]饲十厩吏。驽骀[15]饱相枕，素餐不知愧。”这首诗有些叙事诗的味道，写的是一位官宦在平日里让仆役养了许多马，而且不惜建起奢华的马厩，并用上好的草料精心侍候着这些“大神”，但这些马却饱食终日、无所事事，白吃白喝而毫不惭愧。不曾想，当边关出现了紧急军情，皇帝征召他火速赶赴前线的时候，这些中看不中用的“绣花枕头”却步履艰难，常常累到倒地不起，不仅洋相尽出，而且还令马的主人陷入险些被军法处置的境地。

与那些只图享乐、不知羞愧的劣马相比，有羞耻心的文人则是时时担心自己愧对所获得的俸禄。

唐代诗人白居易和韦应物，分别写有七言诗《初罢中书舍人》和五言诗《冬至夜寄京师诸弟兼怀崔都水》。白诗中有：“自惭

⑬ 此字这里读作 mì，是“秘”的异体字。但当它用作姓氏的时候，则是规范字形。

⑭ 这个字读作 mò，指的是喂牲口的饲料，也表示喂牲口这一行为。

⑮ 此字在这里读作 tái，指劣马。

人马图卷（局部）
元
赵孟頫

拙宦叨清贵，还有痴心怕素餐。”韦诗中则有：“理郡无异政，所忧在素餐。”前者是说自己为官的才干很凡庸，恐怕给皇上和朝廷添了不少麻烦，只是心中尚存羞愧之心，故而担心自己白白地领取俸禄，却没能做出与之相匹配的业绩。后者的大致意思是，自己在京城之外当地方官，一直按照朝廷的政令行事，从未自作主张，只是担心自己所做的事情尚不能承得起朝廷所给的俸禄。

两首诗中的“素餐”，其实都含有“未能尽到职责”的意思；而在表达“占着官位却不作为”这种意思时，则还有“尸位”这一说法。这两者连在一起，就构成了成语“尸位素餐”，例如明末文人程登吉《幼学琼林》卷二中有：“无功食禄，谓之尸位素餐”。

膳

shàn

膳

膳

小篆

膳

隶书

膳

楷书

膳

行书

清代文人沈世枫写过一首《一百十二寿翁王广文》，诗中有："百年鹿粝[①]三餐饱，五夜心清一觉眠。"该诗写的是清代浙江台州东塍[②]镇岭根村的一位寿星王世芳，"王广文"指的就是这位号"南亭"的长寿老人。据说老人家高寿140岁，当年乾隆皇帝还御赐匾额"黉[③]序耆颐"，称他是备选"贡生"中的"老贡生"。后来，乾隆又命人在岭根村村口为老人家建木牌坊一座，并在牌坊的横梁上御笔题写了"升平人瑞"。

沈世枫的这句诗，写的是年逾百岁的老人一生粗茶淡饭、心境平和，总是一觉睡到天亮。由此可见，粗茶淡饭往往有益于健康，因此，人们的日常膳食

① 这个字读作 lì，指粗糙的米。"鹿粝"指的是比较粗糙的饭食。

② 这个字读作 chéng，意思是田间的小土埂。东塍镇现属浙江省台州市的海州市。

③ 这个字读作 hóng，在古代意谓学校。"黉序"也指古代的学校。

甯戚饭牛图
明
周臣

端阳故事图册 射粉团
清
徐扬

实在不必追求山珍海味、大鱼大肉。

西晋文学家张华幼年家贫，曾以放牛为业，后来由于读书勤奋而功成名就，并在宦海沉浮多年。他的身世与经历使他对铺张浪费、贪图奢华的行径深恶痛绝，于是他在诗作《轻薄篇》中写道：“末世多轻薄，骄代好浮华……被服极纤丽，肴膳尽柔嘉。”衣衫靓丽、膳食鲜美的表象下，是糜烂颓败、世风日下的亡国之势。

对比百岁寿星与短命王朝，我们可以发现，膳食的奢俭之别显得十分扎眼。

“膳”这个字现在多指日常饭食，但它最初却与表示“置备食物”的“馔”如同孪生兄弟，同样表示准备、陈设食物，许慎在《说文解字》中就这个字解释道：“具食也。”

后来，由“准备食物”这类意思继续延伸，“膳”也产生了“饭食”这样的含义。当然，由于其字形中包含“月”，所以，“膳”更多地含有“肉类食物”这种意思。

此外，“膳”右边的“善”，除了表示整个字的读音之外，在西周一些青铜器的铭文中，本身也表示“膳食”的“膳”。例如出生于清朝末年的历史学家岑仲勉，他在《墨子城守各篇简注》一书中，参照前人文献指出，西周“大克鼎④”“小克鼎”铭文中的“善夫”，指的就是西周时期掌管王室、宫廷饮食事务的官员——“膳夫”。

大克鼎铭文
西周

④ 也称“膳夫克鼎”，现存上海博物馆。

而且对于“善”这个字，也有学者认为，它在金文中的字形为“”，由“羊”和两个“言”字构成。由于“言”与“口”有着密切的关系，所以这个字最初很可能表示“羊肉的滋味很美”这种意思，后来又引申出笼统的“美好”之意；而它原本与食物有关的含义，则又通过人们增加“月”而造出的“膳食”的“膳”来专门表示。

与“善良”的“善”情况类似，现在表示“害羞”的“羞”，最初指的也是食物。“羞”在甲骨文里的字形为“”，由“羊”和表示手的“又”构成，意思是“进献”食物。后来由于它被借去表示“羞耻”这类意思，所以人们就在其左边增加了“饣”，并由新造的“馐”字与它一道表示与饮食有关的意思。当然，现在的“羞”已经很少被用来表示与饮食相关的意思了。

《周礼·天官冢宰第一》：“膳夫掌王之食饮膳羞，以养王及后世子。”其中，“膳羞”的“羞”表示其“进献食物”之本义。东汉天文学家、文学家张衡的《思玄赋》中有：“聘⑤王母于银台兮，羞玉芝以疗饥。”

句子里的“羞”则有“进食”的意思。

李白的名篇《行路难三首》其一：“金樽清酒斗十千，玉盘珍羞直[6]万钱。”白居易的五言诗《蜀路石妇》：“晨昏问起居，恭顺发心诚。药饵自调节，膳羞必甘馨。”两位诗人在表示“饮食”之意时，使用的也都是“羞愧”的“羞”。

南宋理学家薛季宣的五言诗《钓台阻风去得风便》里，有这样几句：“烹茶出清泉，盘馔罗双鲤。饫[7]之以珍馐，浣濯予尘滓。”其中，对于“珍馐”的“馐”，诗人使用的则是包含了“饣”的“馐”。

相较而言，在古代文献中，尤其是在唐宋以前的文献中，基本上都是不带“饣”的“羞”，因为带“饣”的“馐”直到宋代才出现在一些字书中，而且就表示“饮食”这类意思来看，它的使用频率也远远比不上前者。

⑤意为拜访。

⑥通“值”。

⑦这个字读作 yù，在这里表示给人食物，即《广韵》中所给出的“赐”这一义项。

再行一步

“羞”在古代的确频现于大量文献之中，这或许也从一个侧面反映了古人对于饮食的重视。

根据历史文献记载，西周时期就已经有了诸如“羞鼎、羞笾[⑧]、羞豆[⑨]”等各种用于盛装食物的器皿，例如《仪礼·聘礼第八》：“饪一牢，在西，鼎九，羞鼎三；腥一牢，在东，鼎七。”西边是烹制好的诸多熟食，东边则还有未烹制的各类生鲜——这食物确实够丰盛。而且根据两位经学大师——东汉的郑玄和唐代的贾公彦对《仪礼》的注疏，我们可知，古人认为烹制成熟的食物代表秋天，生鲜食物则表示春天，而它们各自陈列的方位“西”和“东”，若按照“五行”观念来理解，恰好也同“秋”和“春”相对应。由此可见，古人于宴饮之时，也是一边呈现和享用美味，一边创造并感受中华传统文化。

另外，由于“羞”既表示“进献食物”，也表示“美食”，所以它在古代文献中也有一些很有趣的用例，例如《仪礼·特牲馈食礼第十五》中的“佐食羞庶羞四豆，设于左”，还有《仪

⑧ 这个字读作 biān，指古代一种竹制的盛装果品、干肉等的食器。

⑨“豆”字原本表示古代的一种食器。详见《豆腐》一篇。

礼·有司彻第十七》中的“乃羞于宾、兄弟、内宾及私人。”（郑玄注：乃羞者，羞庶羞。）所谓“羞庶羞”，其中的“庶”有“众多”的含义，前面的“羞”表示“进献”，后面的“羞”则表示“食物”，因此，“羞庶羞”意即“进献、陈设多种食物”。

前一句中还出现了“佐食”这种说法，这个词语在古代有两种意思：

一种意思是“陪同进餐或劝食”，如《国语·晋语九》：“献子将食，问谁在庭。曰：‘阎明、叔褒在。’召之，使佐食。”这几句话记载的是春秋战国时期的晋国重臣魏献子进餐时召阎没、叔宽两位大臣陪同的事。此正为典故“一食而三叹”的出处，大致意思是有人为了托魏献子办事而打算向他行贿，阎没、叔宽闻知此事后，便借陪同魏献子吃饭的机会向他进谏，从而成功地说服后者放弃了受贿的念头。

另一种意思是“古代祭祀中担任进献祭品并代替死者受祭的小官”，上面《仪礼·特牲馈食礼第十五》中的“佐食”就是这种意思。另外，同一部文献中“佐食北面，立于中庭”一句中的“佐食”的含义则更加显豁，说的就是负责此类事务的官吏面朝北面，站立于中庭。

与“佐食”一词字面形式看似相近，实际含义却并不相同的还有两种说法：一个是“佐膳”，另一个是“佐餐”。

宋代诗人穆修写过一首五言诗《食鱼》，其中有：“自当频佐膳，所惜易过时。”写的是一种最适宜在每年四月捕捞和食用的鱼。大概是因为这种鱼味道鲜美，所以诗人很想时常用它来佐餐，但由于时令所限，故而也只能无奈地发出“易过时”的“望鱼兴叹”了。

与穆修相比，白居易就聪明豁达了不少，他在五言诗《春寒》中写道：“助酌有枯鱼，佐餐兼旨蓄。”首先，他用来下酒的是容易储存并随时可以享用的干鱼；其次，这些干鱼的价格虽然可能低廉，滋味大概也谈不上鲜美，然而白居易却觉得它们完全能够佐餐，同时还可长期保存以供慢慢享用。

白居易的这种豁达，很像陆游在《久雨杜门遣怀》中所表达的那样：“城闉[10]路断吾何恨，浊酒枯鱼亦破颜。”连日阴雨，道路阻断，但是浊酒一壶、干鱼少许，还是能让诗人展颜一笑的。

有干鱼佐酒，的确也属惬意之事了，而且按照白居易的想

⑩ 这个字读作 yīn，原指瓮城的门，此处则表“堵塞”之意。

法，小干鱼还可以用来佐餐、佐膳。而由于“膳”“善”二者在古代存在着通用关系，所以按理说，“佐善”也应当与“佐膳”有着同样的含义。

但是，或许是因为“膳”在产生之后就完全独占了“善”中与“饮食”有关的一切含义，而且“善”本身也在表示美好、善良等意义上“重任在肩”，因此，“佐善”一说虽然依旧存在，但它的意思却与“饮食”无关了。明代陕西按察副使兼督学杨一清辑录的《关中奏议》，其中有这样几句：“其锄恶佐善，崇正辟邪，兴礼让以厚风俗，拔英异以激颓懦。”[11]这是杨一清称赞一位名叫王云凤的官员的几句话，他在查访的过程中对此人的了解逐渐加深，所以奏请朝廷任命此人为“提学”。

与充当下酒、下饭的小菜相比，辅佐善行、善举自然是更加重要的举措了。

⑪ 这段引文中的标点符号为本书作者所加。

饭

fàn

飯

小篆

隶书

楷书

行书

俗语道“民以食为天”，这表明人必须通过摄入食物来维持生命，但吃什么样的食物，却是“仁者见仁，智者见智”的事情了。因为一方面，人们的口味千差万别，此所谓“众口难调”；另一方面，到底是“食不厌精”还是“藜藿[1]之甘”，也是因人而异，难以强求一致。

宋代词人曹组填过一首《相思会》，词的下阕写道：“粗衣淡饭，赢取暖和饱。住个宅儿，只要不大不小。常教洁净，不种闲花草。据见[2]定、乐平生，便是神仙了。”这一段非常口语化的词句，很清晰地表达出作者甘于粗茶淡饭的那种恬淡心态。

“饭”这个字左边的“饣”表明它

① 这两个字读作l huò，在此处表示比较粗糙的饭菜。

② “见”在这里读作xiàn，“见定”的意思是“现状”。

清院本清明上河图 饭馆

的意思与“食物”有关；右边的“反”表示它的读音与“反”相近。许慎在《说文解字》中对它的解释是：“食也。”段玉裁在《说文解字注》中则进一步说：“然则云食也者，谓食之也。此饭之本义也。引伸之所食为饭。”

按照段玉裁的解释，我们可知，“饭”最初的含义即为“吃饭”，后来也可以用来指代所吃的谷物类食物等。然而这个字发展到现在，反而是后出的引申义占据了主导地位，例如“一碗饭、三顿饭”等等；

而它最初的“吃饭”这一义项则基本上只保留在古代汉语里了，如《论语·述而》：“饭疏食[3]，饮水，曲肱而枕之，乐亦在其中矣。不义而富且贵，于我如浮云。”孔子这段话的大意是，吃粗食，喝白水，弯起胳膊当枕头，这都是能让我乐在其中的事。而通过不正当手段获得的所谓荣华富贵，反倒如过眼云烟。

③“疏食”与“蔬食”意义相通，即指粗茶淡饭。例如《晋书·范汪传》：“外氏家贫，无以资给，汪乃庐于园中，布衣蔬食”。

与《论语》中的这段话相比，南宋词人辛弃疾那首大气磅礴的《永遇乐·京口北固亭怀古》或许更加脍炙人口，结尾处“凭谁问，廉颇老矣，尚能饭否”一句，典出《史记·廉颇蔺相如列传》，其中的“饭”的意思也正是“吃饭”。

看起来，从圣人到名将，再到芸芸众生，无论是谁，都离不开吃吃喝喝。难怪《礼记·礼运》引孔夫子的话说：“饮食男女，人之大欲存焉。”很显然，口腹之欲、男欢女爱皆出自世俗中人的本能，能免俗的还真是凤毛麟角。

就其本质而言，孔夫子的话实际上是放之四海而皆准的，然而不知道是什么原因，一提到吃，好像只有我们中国人给人留下了“爱好饮食”的深刻印象——这或许是因为中华美食誉满全球，或许是因为我们见面时常常把“吃了吗”当作问候语，当然，还或许是因为我们的汉语里有太多与“吃喝”“饭菜”等相关的俗语。

比如说，“饭碗”原本指的是用于盛饭、吃饭的一种容器，但从很早的时候起，我们的祖先便把它当作了“谋生、挣钱过活”之意的代名词。例如宋末元初诗人方回《听航船歌十首》其六中的“牵板[④]船篙为饭碗”；还有清代吴趼[⑤]人《二十年目睹之怪现状》中的“一天停了差使，便一天停了饭碗”……以致到了今天，根据工作性质特别是收入的高低以及稳定与否，人们还把不同的职业与行当划分成所谓的“金饭碗”“铁饭碗”等等。

此外，如果我们认为某个人除了吃饭这项本能之外，其他任何事都做不了，往往就会说这个人是“吃干饭”的，例如李大钊《庶民的胜利》：“凡是不做工吃干饭的人，都是强盗”。而如果有哪位男性不能谋生、自立，只是依靠女性来过活，那么这个男人也一定会成为大家眼中“吃软饭”的无能之辈。

看起来，“饭”在中国人眼里确实非同一般。因此，它才会经常现诸古今文人的笔端。例如韩愈《山石》：“铺床拂席置羹饭，疏粝亦足饱我饥。”再如李白《金陵江上遇蓬池隐者（时于落星石上以紫绮裘换酒为欢）》：“遇君蓬池隐，就我石上饭。”韩愈的诗句，重在表明自己郊游并探寻古刹过程中野炊的乐趣，糙米蔬食亦甘馨；而李白的野炊则多了一份豪迈——诗人偶遇一位隐士，由于二人相谈甚欢，于是他便邀请对方一同进餐，甚至为了以酒助兴，他还毫不犹豫地脱下身上的裘皮大氅充抵酒钱。

④ 指系在纤绳末端的一种木头条板，纤夫将其套在胸部或肩部，拉船过浅滩。

⑤ 这个字最初读作yàn，意谓动物踮起脚尖。后来与“茧”音义皆通，表示人的手掌或脚掌因摩擦而生出的硬皮。此处读作 jiǎn。

再行一步

饭是如此重要，的确不能不让人“青眼有加”——过去打工谋生的人，就常常把自己的雇主称为“饭主”，例如清代文康《儿女英雄传》：“那些散了的长随，还有几个没找着饭主满处里打游飞的……都赶了来”。

但是，就是这种被人们普遍看重的生活必需品，却也常常被人们用来充当日常生活中互相调侃或打趣的作料。

根据宋代袁文《瓮牖[6]闲评》中的记录，我们可知苏东坡在杭州为官时，曾与袁文的曾祖父是同僚。有一天，他们二人一同前往山中一处寺庙中祈雨，苏东坡偶来兴致，于是提议：吾二人赋诗，以雨速来者为胜，不然，罚一饭会。袁文曾祖闻言，欣然应诺。不一会儿，东坡先生吟：“一炉香对紫宫起，万点雨随青盖归。”袁氏曾祖则曰：“白日青天沛然下，皂盖青旗犹未归。”东坡一听，自己所言的“青盖”尚未携雨归来，而人家诗中的雨已经在“皂盖青旗”归来之前就沛然洒落了，因此愿赌服输，只得请客吃饭。这则掌故中的“饭会”，便指酒席。

⑥“牖”读作 yǒu，指窗户。“瓮牖”意谓用破瓮做窗，以之来指代贫寒之家。

瓮牖图卷
元
赵孟頫

除了上述传闻，与美食颇有渊源的苏大学士，一生之中与“饭”有关的逸事还真不在少数，例如流传甚广的“皛[7]饭”“毳[8]饭”趣闻。

而这则趣闻，还来源于不同的文献。

一是宋代曾慥[9]的《高斋漫录》。按照该书中的记载，吴越国王室子孙、宋代朝议大夫钱勰，有一天下帖请苏东坡来府上吃“皛”饭。苏东坡接到帖子，很好奇什么是“皛”饭，便依时应邀赴约。宾主见面后自然免不了一番寒暄，你来我往地客套了一阵之后，宾主依次于席前落座。不一会儿，训练有素的钱府仆人便整整齐齐地在桌上摆了三样东西：一碗白米饭、一碟白萝卜和一盅白开水（即所谓的“白汤”）。饶是见多识广、机敏过人的苏大学士，看着眼前的这三样吃食也有些发懵。这时，却听得“酒宴”主人钱勰慢条斯理地说道：皛者，三“白”也，故以三白应和“皛”字，敢请苏大学士赏个薄面。

感觉被戏弄了一番的苏东坡，岂能让这么有趣的游戏戛然

⑦ 这个字读作 xiǎo，本义为皎洁、明亮。

⑧ 这个字读作 cuì，原指鸟兽的细毛。

⑨ 这个字读作 zào，基本含义是仓促，亦有诚实、笃厚等意。

而止呢？于是数日之后，他也回请钱大人，言明要以“毳”饭招待。这回轮到钱大人心生好奇了。然而，宴请当天，钱大人与苏东坡谈得口干舌燥，也不见有任何饭食上桌。饥渴难耐之下，他终于小心翼翼地请教何为“毳”饭。只见苏学士粲然一笑：毳者，三“毛”也，应和白饭“冇[10]”，萝卜“冇”，白汤亦“冇”。原来，“毛”“冇”音近，所以苏东坡便借此调侃钱勰。钱氏一听，抚掌大笑，赞道：子瞻可谓善戏谑者也。

这则趣闻另见于南宋朱弁的《曲洧[11]旧闻》，只是故事的主角换成了苏东坡和北宋史学家、曾经协助司马光编修《资治通鉴》的刘贡父；而“皛”饭也由白米饭、白萝卜和白开水改成了白米饭、白萝卜和白色的食盐。

相对而言，后面的这则传闻更加完整一些。最终的结果是二人在调侃、戏谑了一番之后，还是享受了真正的酒食，尽兴而散。

逸闻中的“饭”大概指的是以稻米为原料炊煮而成的“米饭”，这种意义上的“饭”常常是与米饭之外的其他主食，尤其是以小麦粉为原料制成的各种主食相对而言的。而主要以稻米为原料加工而成的食物，还有一种比较常见的“米粉”，这种食物

⑩ 这个字读作 mǎo，是一个方言用字，意思是“没有”。

⑪ 这个字读作 wěi，指的是发源于河南省登封市阳城山的一条河流。

在湖南、两广、云贵等地尤为受欢迎。

“粉”这个字左边的“米”已经显示出了它与稻米的关系，右边的“分”则表示字的读音与它接近。许慎在《说文解字》中对“粉”的解释是：“傅[12]面者也。”而段玉裁在《说文解字注》中给出的解释则是：“所以傅面者也。”同时又引南唐徐锴的解释：“古傅面亦用米粉。”意谓从古代开始，就有用米粉制成脂粉并以之来搽脸的习俗，所以，“粉”最初指的是用于敷面的脂粉。例如辛弃疾《蝶恋花·席上赠杨济翁侍儿》：“刚道羞郎低粉面，旁人瞥见回娇盼。”三言两语便将一位十五岁的小姑娘的娇羞情态刻画得惟妙惟肖。

然而，把米捣碎并研磨成粉末，主要还是为了制作食物，所以，《周礼·天官·笾人》中就有：“羞笾之实，糗[13]饵粉糍[14]。”意谓器皿里盛着用米粉等制成的食物。

唐末五代文人王仁裕的《开元天宝遗事·射团》里记录了当时端午节的习俗：“宫中每到端午节，造粉团角黍，贮于金盘中。”句中的“粉团”显然是一种用米粉制成的点心。另外，“粉”后来也指马铃薯、豆类等含的淀粉以及用淀粉制成的食品。

⑫ 意思通“敷”。

⑬ 这个字读作 qiǔ，许慎释为：“熬米麦也。”

⑭ 原文用的是异体字“餈”。

酒

jiǔ

酒

酒

小篆

酒

隶书

酒

楷书

酒

行书

酒是一种很奇妙的东西，请客吃饭时似乎从来离不开它，所以自古就有“无酒不成席”一说，而且，人们后来也把“宴席”，即请客或聚餐时的整桌菜肴与酒水等统称为“酒席”。《三国演义》第七十五回中，神医华佗在给关云长“刮骨疗毒”时，关羽“令设酒席相待”，即关羽令手下置备菜肴与酒水款待另一位蜀汉官员马良，并在手术的过程中与之下棋。

唐代诗人白居易的《重阳席上赋白菊》是一首巧于借景的佳作，全诗是：“满园花菊郁金黄，中有孤丛色似霜。还似今朝歌酒席，白头翁入少年场。”诗人当时年华已老，在一众青年才俊的宴席

文会图（局部）
宋
赵佶

上颇显另类，故而他才会在诗中写到满园黄菊中几株醒目的白菊。而与这种景致相呼应的，是满头华发的自己也不小心置身在了一群朝气蓬勃的青年之中。

诗中的“歌酒席”指的是有美食、佳酿，以及助兴之歌舞的席面；另外，在唐宋及以前的文学作品中，“酒席”还可指宴饮时所用的几案、坐垫等设施，如宋代词人周邦彦《荔枝香近》中的“夜来寒侵酒席，露微泫[①]”即意谓因秋凉雾重，故而用于宴饮的几案、座位等陈设上面，已经能够看到露水了。

到后来，“酒席”一词才逐渐被用来表示宴饮中的菜肴与酒水等。

铜鸮卣
商

“酒”这个字由“氵”和“酉”构成，左边的“氵”表示字的意思与水有关；右边的“酉”在甲骨文里写成“”，形似酿酒的器皿，因此，右半部分兼具表义与表音的功能。虽然甲骨文里也有与“酒”对应的字形“”，但据先秦文献记载以及后人考证，“酉”字最初同样也可被用来表示“酒”这种酿造而成的液体。例如马王堆汉墓中出土的帛书里，就有“县②钟而长饮酉”这样的字样；此外，像毛公鼎等若干青铜器上的铭文中，也有用“酉”表示“酒”的例子。

① 这个字读作 xuàn，意谓水滴下垂。

② 在这里读作 xuán，它原是“悬”最初的字形。

美酒、佳酿，显然是珍贵之物，所以，酒最初属于祭祀活动中的“宠儿”，是供神灵、祖先享用的物品。比如《周礼·天官冢宰第一》中，就提到过“酒政、酒人”这样的职位，他们的职责就包括负责祭祀仪式中与酒水有关的事务。后来，“酒”才“飞入寻常百姓家”，成为世人也可以享用的美味。

李白虽然有“诗仙”的美誉，但毕竟还是肉身凡胎，杜甫说他“斗酒诗百篇”，不过是通过夸张的修辞手法表现出的一种豪迈气概而已；又如《三国演义》中“温酒斩华雄”的关羽，也仅仅是一个经过了艺术加工的文学形象罢了。但是，由此亦可见，酒与文人、武将的缘分可都不浅。

寒冬腊月，万物凋零，户外活动的不便却也给白居易这样的达观文人带来了“绿蚁新醅[③]酒，红泥小火炉”的乐趣。诗句中的“醅”指的是未经过滤的酒，按照现代人的观念，这大概属于制作工艺比较粗糙、价格也比较亲民的低档酒。就像贫病交加的杜甫在《客至》诗中所感叹的：“盘餐市远无兼味[④]，樽酒家贫只旧醅。”一来由于街市遥远，二来主要还是因为生活拮据，所以诗人只能用简单的饭菜和几壶浊酒招待友人。

跟“醅”最初的含义相近的字还有“醪糟”的“醪”，这个字在《说文解字》中被解释成：“汁滓酒也。”

也就是汁和渣滓混合的酒，即未经过滤的浊酒。由宋元之际历史学家胡三省注释的《资治通鉴·晋纪四十》中，在"赐浩御缥醪十觚[5]"这句话的注文里，就有"醅酒曰醪"这样的说法。这句话说的是北魏君主赏赐大臣崔浩一种名为"缥醪"的御制酒三十升。

不过，"醅"和"醪"后来也都可以表示一般意义上的"酒"。陆游诗中有"花发云房醅瓮香""醅瓮香浮花露熟"和"床头醅瓮香"等句，其中的"醅瓮"指的就是用于酿酒的坛子一类的器皿。

在古代，同样表示"酒"的还有一个"醴"字，这个字最初的含义是甜酒。根据《说文解字》中"酒一宿孰[6]也"这种解释，可以推测这种酒酿制的时间很短，因此酒精度数比较低，大致类似有甜味的江米酒。

太白醉酒图
清
苏六朋

③ 这个字读作 pēi。诗句摘自白居易的《问刘十九》。

④指品种丰富的美味。

⑤ 这个字读作 gū，是一种青铜酒器。也指一种古代写字用的多棱形木简。

⑥ 通"熟"，最初就表示"熟"的意思。

再行一步

《汉书·楚元王传》中有这样几句："穆生不耆[7]酒，元王每置酒，常为穆生设醴。"参照该文献的前后段落，我们可知，句子的大意是汉高祖刘邦的弟弟刘交，即楚元王，年轻时曾与穆生是朋友，而且还曾一同拜在当时的儒家学者浮丘伯门下研读《诗经》，所以，当他封王之后，由于知道穆生不好饮酒，于是每逢相聚宴饮，他都会命属下为穆生单独准备酒精度数很低的甜酒。

当然，正像"醅、醪"后来可以表示一般意义上的酒一样，"醴"后来同样也可以表示一般意义上的酒。

魏晋时期号称"竹林七贤"之一的嵇康，性格举止狂放不羁，临刑前还留下一曲绝响《广陵散》。他就像鲁迅先生在《魏晋风度及文章与药及酒之关系》这篇演讲稿中所说的那样，属于当时名士中"吃药"的代表。其实，他们所服之"药"大抵源于道家的"丹"，也就是为了养生等目的而炼制的丹药。嵇康在《养生论》中曾经写过这样两句："滋味煎其府藏[8]，醴醪鬻[9]

⑦通"嗜"。

⑧通"腑脏"。

⑨这个字读作yù，原本有"卖"的意思，李善在《文选》中注为"今之煮字也"。

春社醉翁图
明
唐寅

其肠胃。”句子的大致意思是世人往往追求口腹之欲而忽视养生，殊不知美味佳肴却常常是煎熬五脏六腑的元凶，而美酒佳酿也往往会成为灼烧肠胃的祸首。

宋代文人梅尧臣在《依韵和通判太博雪后招饮二首》之二中写道：“邀饮奏醴醪，案杯烹蟹螯。”诗句中的“奏”表示“进献”等含义。诗人在这两句诗中刻画了宴饮的场面，有美酒、有螃蟹。

而似乎为了与嵇康饮酒、吃药这些习惯相吻合，“醴”在某些情况下确实也可以表示道家的丹药。比如道家的炼丹大师、东晋道士葛洪在《抱朴子·金丹》里就写过：“朱草状似小枣，栽长三四尺，枝叶皆赤……刻之，汁流如血，以玉及八石金银投其中，立便可丸如泥，久则成水，以金投之，名为金浆，以玉投之，名为玉醴。服之皆长生。”其中的“玉醴”，指的就是一种传说中的仙药。

当然，“玉醴”自然也可以指称美酒。李白的五言诗《咏山樽二首》中有：“外与金罍[10]并，中涵玉醴虚。”诗句的意思是用蟠木制成的这种酒器常常同黄金酒器置于一处，里面盛满了美酒。清代文人李渔在《闲情偶寄·器玩·灯烛》里言，“列山珍海错，倾玉醴琼浆”，其中的“玉醴”明显指的就是美酒。

然而，嵇康的《琴赋》中却有这样两句：“涓子宅其阳，玉醴涌其前。”这里的“玉醴”喷涌如泉，若非豪奢的“酒池肉林”，其绝非是指美酒。的确，这两句的大致意思是：传说中作《琴心》三篇的齐国仙人涓子住在生长着春兰与沙棠的山冈的南坡，而奔涌的甘泉则从山脚下流过。句中的“玉醴”指的是甘甜的泉水。

西汉文学家扬雄《太玄赋》中有：“茹芝英以御饿兮，饮玉醴以解渴。”苏东坡《参寥上人初得智果院会者十六人分韵赋诗轼得心字》中有：“云崖有浅井，玉醴常半寻[11]。”这两处的“玉醴”明显指的也是泉水。

“美酒”这项含义，“醪”和“醴”皆有，但是，“醪”

⑩ 这个字读作 léi，指古代一种盛酒的器皿。

⑪ 古代长度单位。八尺为寻。

却不具备“泉水”这一义项。杜甫《崔驸马山亭宴集》五言诗中有：“清秋多宴会，终日困香醪。”还有宋代词人柳永《西江月》中有：“好梦狂随飞絮，闲愁浓胜香醪。”句中的“香醪”都指美酒。

曹丕《善哉行》之二里面有：“大酋[12]奉甘醪，狩人献嘉禽。”其中，“甘醪”和“香醪”的意思很接近。此外，古代文献中的“澄醪、时醪、芳醪、纯醪”等，也都有“美酒”的意思。

在“醪、醴、醅”三者中，现今人们最常用的是“醪”，这是因为有一种在家中也可以自行酿制的江米酒——“醪糟”，它除了可供直接饮用，也可以与蛋液一起加工成“醪糟鸡蛋”，还可以用来煮汤圆。可见，它是寻常百姓的日常食品，因而该字的使用频率自然也就随之增加。

与此同时，酒也是令人情绪高涨的催化剂，除了“酒入愁肠”之外，无论是“万瓮行酒[13]”“单醪投川[14]”的战场豪迈，还是“把酒话桑麻[15]”“晚日青帘酒易赊[16]”的市井闲适，酒，都是妙物。但是，酒虽妙，适度饮用就好，为人为己，切莫贪杯。

⑫ 古代酒官之长。
⑬ 摘自韩愈《元和圣德诗》。
⑭ 摘自张协《七命》。
⑮ 摘自孟浩然《过故人庄》。
⑯ 摘自辛弃疾《鹧鸪天·游鹅湖醉书酒家壁》。

茶

chá

茶

饮水吃饭，这是人们维系生命之所需，而生存之道大抵在于健康，白居易有一首意绪闲适的七言诗《闲眠》，全诗是：“暖床斜卧日曛[1]腰，一觉闲眠百病销。尽日一餐茶两碗，更无所要到明朝。”从诗文看，诗人每天一顿饭、两盏茶，优哉游哉，一觉睡到日上三竿。

宋代诗人杨万里则更加直接，他在《和张功父桤[2]木巴榄花韵》诗里写道：“桂隐主人臞[3]见骨，不餐酥酪却餐茶。”放弃奶酪而选择吃茶，这矍铄的隐士倒是令人钦佩。

茶这种植物以及由它的叶片加工而成的茶叶都与我们的日常生活紧密相关，它历史悠久，像陶瓷、丝绸一样，已经

小篆

隶书

楷书

行书

① 这个字读作 xūn，意思是日落时的余光。

② 这个字读作 qī，指一种落叶乔木。

③ 这个字读作 qú，意谓瘦。

成为中国的一种标志。茶叶的发展、接受史虽清晰而简明，但是，相对而言，“茶”这个字本身的演变情况却要复杂一些。

从表面上看，现在的“茶”字，上面有“艹”，下面有“木”，含义似乎很清晰，然而这种字形产生的时间却比较晚，而且它还曾与其他意义相近的汉字交叉使用。

在一些古代的工具书中，它的前身被视为“如火如荼”的“荼”，即《诗经·邶风·谷风》中“谁谓荼苦”的“荼”——一种叶片味道略苦的植物，后来才出现了“茶”这个字，两个字也由此“各司其职”。

在另一些工具书中，“茶”的最初字形则被写成左“木”右“荼”的形态，只是到了后来，民间才出现了不带“木字旁”的“荼”。

当然，也有像《康熙字典》的引证文献中所提到的一种看法：在汉代的文献中，已经出现了“荼”“茶”并用的情况。例如现在位于湖南、江西交界处的“茶陵县”，在汉代文献中，既有被写成“荼陵”的情况，也有被写成“茶陵”的情况。而且，该地之所以有“茶

玉川煮茶图
明
丁云鹏

人物山水图册 玉川先生煎茶图
清
金农

陵”这种名称，据说一是因为当地盛产茶叶，二是因为中华始祖之一的炎帝即葬于此处。

总而言之，“荼”这个字从产生之初，就指一类叶片可以加工成茶叶的植物，同时也指“茶叶”。

俗话说，“开门七件事，柴米油盐酱醋茶”，由此可见，茶是我们日常生活中的一种物资；而且，历经数千年的积淀，它也已经成为一种文化的标志。

首先，由于茶的采摘时间、地域或品种的差异，茶的名称也各有不同。被尊为“茶圣”的唐代茶学家陆羽在其所著的《茶经》中就对古代茶叶的名称有这样的分类："一曰茶，二曰槚[4]，三曰蔎[5]，四曰茗，五曰荈[6]。"到了现在，除了绿茶、红茶、白茶、黄茶、青茶（乌龙茶）、黑茶等几种基本类别，用茉莉花熏制的花茶也深受一部分人的喜爱。各类茶叶林林总总，约有数百种之多。

其次，对于煮茶的水源、泡茶的水温、冲泡的方式以及茶具的种类等等，一些称职的"茶客"对其中的奥秘也是了如指掌。

再者，在许多地区，饮茶的场所遍及大街小巷，去茶馆品茶的喜好也已经蔚然成风。白墙素几、修竹一丛、清茶两盏，无论是一人独坐还是三五好友共饮，皆是一般神仙滋味。

唐代诗人岑参有一首《闻崔十二侍御灌口夜宿报恩寺》，诗中写道："燃

④ 这个字读作 jiǎ，古书上指楸树或茶树。

⑤ 这个字读作 shè，是一种香草，也是茶的一种别称。

⑥ 这个字读作 chuǎn，指晚采的茶。

斗茶图轴
宋
刘松年

品茶图
明
陈洪绶

灯松林静，煮茗柴门香。”林深夜静，灯烛晕黄，一缕茶香透过柴扉缥缈而来，想必捧茶之人的全部身心也都已融入了那一片静谧之中。

唐代才女鲍君徽在唐德宗时曾应召入宫，对宫廷生活比较熟悉，她流传后世的诗文并不多，其中有一首《惜花吟》，诗中有两句：“莺歌蝶舞韶光长，红炉煮茗松花香。”其中同样提到了“煮茗”，但她所说的“松花香”似乎是“花香”而非“茶香”。参照诗中的“昨日看花花灼灼，今朝看花花欲落”，我们可知，这里所说的“花”并非那种也被称作“松黄”的松树的花，而极有可能是我国古代的一种叫作“叶茶壶”的煮茶陶器。据说，唐玄宗时，工匠就曾烧制出一种名为“三日月”的茶壶，并由当时的“遣唐使”作为礼品带到了日本。可见，这种茶壶曾经盛极一时，为茶具中的翘楚。故而，鲍君徽诗中的“松花香”意即“烹茶的馨香”了。

松泉煮茗
明
萧云从

茶

宝石红釉僧帽壶
明

再行一步

所谓“烹茶”“煮茗”，说的其实是一回事，只是在古代，“茶”和“茗”之间，最初的确存在一些细微差别。例如两晋时期的训诂学家、文学家郭璞在注释《尔雅》的时候，就说过：“今呼早采者为茶，晚取者为茗。”而在其他一些古代文献中，也存在类似提法。

然而，按照许慎在《说文解字》中对“茗”的解释——“茶芽也”，以及其他古代文献中的释义与用例，我们可知，“茗”也可指一般意义上可供饮用的“茶叶”。当然，“茗”的确不像“茶”那样，还可以表示“茶树”这类植物，甚至还能表示某些饮品，例如“果茶、面茶”等等。

不过，“茶”在古代则只有“茶叶”和“用茶叶制成的饮品”这样的含义。唐代诗人贾岛的《原东居喜唐温琪频至》一诗中，有两句意境极妙：“墨研秋日雨，茶试老僧铛。”伴随着淅淅沥沥的秋雨研墨，在空寂洁净的寺院烹茶，茶香、墨香以及秋雨中大自然特有的清隽气息交织在一起，仿佛能将人的五脏六腑洗濯一新。

事茗图
明
唐寅

而“荼”与“墨”这两种文人眼中的尤物，还曾被苏东坡和司马光拿来论道。这则掌故在宋太祖后裔赵令畤[7]所撰《侯鲭[8]录》等文献中均有记载。掌故的内容大致是：

东坡与司马温公论茶墨，温公曰：“茶与墨正相反：茶欲白，墨欲黑；茶欲重，墨欲轻；茶欲新，墨欲陈。”予曰：“二物之质诚然，然亦有同者。”公曰：“谓何？”予曰：“奇茶妙墨皆香，是其德同也；皆坚，是其性同也。譬如贤士君子，妍[9]丑黔皙之不同，其德操韫藏，实无以异。”公笑以为是。

司马光说的是茶、墨两种物品在形态上的差异，诸如黑与白、新与陈等；而苏东坡谈的则是它们二者在本质上的共性，比如都有香味、都比较坚韧等。而且，苏东坡进一步以“茶墨”比喻君子，说君子的相貌虽然有美丑之分、肤色有黑白之差，但是在品德操守方面，他们却是同样高尚的。

以“茶墨”的异同兼论君子之德操，温公东坡之辩倒是给

⑦ 这个字读作 zhì，指祭天地及古代帝王的处所。

⑧ 此字在这里读作 zhēng，详见《饮食字传·味觉篇》中《鲜》字一篇。

⑨ 这个字读作 yán，意为貌美，特指女性貌美。

后世留下了一段佳话，而我们从中亦足以见得茶与人的关系是非常密切的。

当代哲学界的两位泰斗冯友兰和金岳霖恰巧同庚，而且是好友，金先生八十八岁寿辰的时候，冯先生曾亲笔题写一副寿联，上联是“何止于米，相期以茶”，下联是“论高白马，道超青牛”。这副对联的下联是称赞金先生的学问比先秦的逻辑学家公孙龙和道家鼻祖老子都要高深，前者曾论说过著名的“白马非马”哲学命题，而后者据称则骑青牛西出函谷，著下《道德经》流传千古。对联的上联则含有祝寿之意，因为“米”字按照以前的字形可以拆解成“八”“十”“八”三个字，所以民间早就有“米寿”之说，即指八十八岁；而“茶”字里面的草字头“艹”曾经是表示“二十”的“廿”的另外一种字形，其下面的部分也能拆分成“八”“十”“八”三个字，上下加在一起，刚好是“一百零八”。因此，“茶寿”即意谓一百零八岁。显然，冯先生撰写的上联意在祝愿金先生寿比南山。

虽然，通过拆字来表达某种意思完全属于一种文字游戏，然而，中国历史上却也一直存在喝茶有益健康的说法。

唐代文人卢仝写过《走笔谢孟谏议寄新茶》一诗：“一碗

敦煌壁画 张骞出使西域图
唐

喉吻润；两碗破孤闷；三碗搜枯肠，唯有文字五千卷；四碗发轻汗，平生不平事，尽向毛孔散；五碗肌骨清；六碗通仙灵；七碗吃不得也，唯觉两腋习习清风生。”从中不难看出，茶这种东西还真是一种能够使人健康长寿的妙物。卢仝的这段话也成为后世文人常常提到的“七碗茶”典故的出处。

正是由于茶的种种妙用，以及它或清新或浓郁的美妙滋味，所以它在距今十分久远的秦汉时期，就已经在中国的对外贸易中扮演了重要角色，“茶马古道”和“丝绸之路”一样享誉世界。这条由中华祖先开辟的贸易之路，连通中原、西南边陲以及南亚和西亚等多个国家和地区，把中国出产的茶叶源源不断地运往其他的国家与地区，然后又将那些地方的特色产品输入广袤的中原大地，从而极大地推动了中外的经济往来与文化交流，堪称人类历史上的壮举。

豆腐

dòu·fu

豆腐

小篆

隶书

楷书

行书

陆游《老学庵笔记》卷七中记录了他本家伯父的一段话：“一日，与数客过之，所食皆蜜也。豆腐、面筋、牛乳之类，皆渍蜜食之。客多不能下箸，惟东坡性亦酷嗜蜜，能与之共饱。”这段话记述了苏东坡与一位法名仲殊的诗僧的交往逸闻。这位诗僧俗姓张，名挥，正是苏东坡诗作《安州老人食蜜歌》的主人公。

用蜂蜜拌豆腐，这种吃法的确有些“小众”，一般人恐怕难以接受。

但是，豆腐在中华美食中，则绝对是“宠儿”，甚至，其本身已成为中华美食的一个标志。在广袤的中华大地上，从南到北，由西至东，可以说无处不见豆腐的身影。

苏轼留带图
明
崔子忠

不过，“豆”这个字最初却与豆类植物及其籽实无关，它在甲骨文里被写成“”，在金文中，又被写成“”，皆形似一种器物。许慎在《说文解字》中对“豆”的解释是：“古食肉器也。”可见，“豆”最初表示的是一种用来盛肉食的餐具。《周礼·考工记》中“食一豆[①]肉”一句，即意谓吃这种餐具那么大容量的肉类食品。

而表示“豆类植物及其籽实”这种意义时，古人用的是“菽”字，也就是“喜看稻菽千重浪[②]”中的“菽”。这个字上面的“艹”表示字的意思与植物有关，下面的“叔”在金文里被写成“”，本身就表示用手“捡拾成熟的农作物籽实”之意，所以，“叔”既表示“菽”的读音与它接近，也表示“菽”的意思与“捡拾农作物的籽实”有关。至于“叔”表示“父亲的弟弟”等含义，则是后来字形借用的结果。

而且“叔”这个字的左边，原本也是一个字，读作 shú。据考证“尗”字正是“豆类植物及其籽实”这一义项产生的源头。

后来，人们之所以用“豆”来表示“豆类植物及

彩绘木雕鸭形漆豆
战国

花鸟图册 豌豆蜻蜓
清
沈铨

其籽实”等意，是由于“豆”与“菽”读音相近，所以“豆”就被借去和“菽”一起承担同样的含义了。

“腐”这个字是由“府”和“肉”构成的。其中，“官府”的“府”表示“腐”的读音与它接近，“肉”则表示字的含义与肉有关。许慎在《说文解字》中对“腐”的解释是：“烂也。”意谓腐烂。由于肉类比较容易腐烂，所以“腐”的字形中便包含了“肉”字。

至于“豆腐”一词是出于什么原因

① 有关“豆”的容量的内容，可参阅《饮食字传·食材篇》里《肉》字一篇。

② 摘自毛泽东《七律·到韶山》。

而包含了“腐”这个字，除了字形借用这种情况之外，这种食品与发酵制作方法的关系或许也是一个可供考虑的因素。虽然豆腐本身不属于发酵产品，但由它衍生的许多食品却都离不开发酵，比如腐乳、毛豆腐、臭豆腐等等。而从生物学的角度来看，腐烂与发酵确实具有一定的相似性——都存在微生物滋生现象。

据一些古代文献中的记载，我们得知，发明“豆腐”的始祖是汉高祖刘邦的孙子、淮南王刘安。此公常年聚集一批道士研习炼丹之术，却未曾料到会在阴差阳错中点成了豆腐。

清代文人梁章钜在《归田琐记·豆腐》中曾经写道：“豆腐，古谓之菽乳，相传为淮南王刘安所造，亦莫得其详。”

“豆腐”在古代确实有“菽乳”这种说法，而对于“菽乳”这个名称，明代文人孙大雅自认为他本人应当是此名的发明者。孙大雅曾作五言诗，题即《菽乳》，题注及全诗如下：

豆腐本汉淮南王安所作，惜其名不雅，余为改今名，因赋是诗。

淮南信佳士，思仙筑高台。八老[3]变童颜，鸿宝枕中开。异方营齐味，数度真琦瑰。作羹传世人，令我忆蓬莱。茹荤厌葱韭，此物乃呈才。戎菽来南山，清漪浣浮埃。转身一旋磨，流膏入盆罍。大釜气浮浮，小眼汤洄洄。顷待晴浪翻，坐见雪花皑。青盐化液卤，绛蜡窜烟煤。霍霍磨昆吾[4]，白玉大片裁。烹煎适吾口，不畏老齿摧。蒸豚亦何为，人乳圣所哀。万钱同一饱，斯言匪俳[5]诙。

除了“菽乳”，据说“豆腐”最初也被称作“黎祁”“梨祁”等，原因是刘安等人因偶然点成豆腐而啧啧称奇，因此，人们后来便用与“离奇”谐音的“黎祁”或“梨祁”等来称呼这种“无心插柳”而制成的食物了。

食物本草 豆腐
明
佚名

③ 指淮南王刘安门下李尚等八位门客。

④ 指用昆吾石冶炼成的铁制作的刀剑。

⑤ “俳”读作 pái，“俳诙”的意思是诙谐、戏谑。

再行一步

陆游有一首七言诗《山庖》，诗的全文是："新春穲稏滑如珠，旋压犁祁软胜酥。更翦药苗挑野菜，山家不必远庖厨。"诗中的"穲稏"指一种水稻，"犁祁"指的则是豆腐了。依据古代"君子远庖厨"一说，我们可以推知，这里的"山家"似乎不太像"山野人家"，而应当指隐士或僧道。

在陆游的另一首五言诗《邻曲[6]》里面，则出现了"煮黎祁"这样的字样，显然"黎祁"与"犁祁"确实都可以指"豆腐"。

此外，清末民初的藏书家、文学家樊增祥有一首《大雪两昼夜势犹未已喜赋》，诗中也写道："月拚[7]十金买甜水，不如煮雪玩茶蕊。诚心默祷侑[8]以词，顽云冻作黎祁块。"

自从豆腐产生之后，它就成了餐桌上一道老少皆宜的美食。几滴芝麻香油、少许小葱、一撮盐末，即可成就一道清爽可口的小葱拌豆腐，而且由此还产生了一个歇后语"小葱拌豆腐——一清（青）二白"。

如果你厨艺够精湛且有自信，则可以挑战一下对刀工要求

⑥ 意谓邻居。

⑦ 此字在这里读作 pàn，意为舍弃。

⑧ 这个字读作 yòu，原本表示在筵席旁助兴以劝人吃喝，后来也表示"相助、辅助"等意。

极高的“文思豆腐”。据清代戏曲家李斗在《扬州画舫录》中记载：“文思字熙甫，工诗，善识人，有鉴虚、惠明之风，一时乡贤寓公皆与之友。又善为豆腐羹、甜浆粥，至今效其法者，谓之文思豆腐。”“文思豆腐”的始创者乃是一位僧人，人称“文思和尚”，他的这道得意之作至今仍是淮扬菜中的一面旗帜，那宛若菊花瓣的豆腐细丝在鲜亮的汤汁中静静摇曳，简直就是一件艺术品，的确让人不忍下箸。

与这道如同艺术品一般的菜品相比，川菜翘楚“麻婆豆腐”则属于“豪迈泼辣”的亲民之作了，当它带着特有的麻辣香气跻身于餐桌上琳琅满目的菜品之中，其特有的存在感使得人们仿佛嗅出了灶台间的烟火气、听到了由刀案锅铲敲击而成的交响曲。

据传，这道菜始创于清朝同治元年，即公元1862年。当年，在成都的万福桥边，有一家名为“陈兴盛饭铺”的小饭馆，店主姓陈，可惜壮年早逝，于是，小店便由老板娘经营。由于女老板的脸上有细碎的麻点儿，所以被人戏称为“陈麻婆”。那时，万福桥头是做粗活、卖苦力的人歇脚的地方，因此，“陈麻婆”的小饭铺就成了贩夫走卒常常光顾的场所。针对特定的服务对象，“陈麻婆”悉心钻研豆腐的烹制技巧，经过反复尝试，终于创造出了一款色香味俱全且价格亲民的豆腐菜肴。这道菜品很快走红，深得人们喜爱，于是，食客们便将这道烧豆腐亲切地唤作“陈麻婆豆腐”。

1909年，清末文人、报人傅崇矩编著出版了《成都通览》，他将“陈麻婆”的小饭铺列为23家“成都之著名食品店”之一。晚清文人周询编著的《芙蓉话旧录》的“小食”一节里，同样有“北门外有陈麻婆者，善治豆腐”这样的记载。

最有趣的当属清末民初诗人冯家吉，他创作的《锦城竹枝词百咏》中，就有专门吟诵“麻婆豆腐”的诗。全诗的内容是：“麻婆陈氏尚传名，豆腐烘来味最精。万福桥边帘影动，合沽春酒醉先生。”

豆腐除了其本身可以被烹制成各式菜品，而且还可以作为原材料，被加工成各类副产品。比如在不同地区被称作“腐皮”“腐衣”“油皮”“豆腐皮”等的这种食品，其实就是在制作豆腐的过程中，将煮沸的豆浆表面的凝结物挑出后晾干制成的。它可以用作许多菜品的主料或辅料，为素食者喜爱。以它为原材料制作而成的素鸡、素鸭以及素烧鹅等，都是素菜馆中的“常青树”。美食著作《随园食单》《养小录》以及一些医学类文献中，都记载过“腐衣”这类食物。

而以豆腐为原料，经发酵制成的“腐乳”（或称“酱豆腐”），更是一种独具特色的中华美食，而且由于地域的差异，“腐乳”的品种、风味等也是多种多样、各有千秋。

此外，由于豆腐的普及，所以后来也出现了一些虽与豆类全然无关却依旧以“豆腐”为名的美食，例如川、湘、黔、赣、鄂等地区的传统小吃——以大米为原材料的“米豆腐”，还有荣登“满汉全席”、以甜杏仁为原材料的小吃——“杏仁豆腐”，等等。

饺

jiǎo

餃

小篆

隶书

楷书

行书

提起中华美食，各式各样的美味可谓百花齐放。不过，其中最具传统特色的，大概非“饺子”莫属。明代文人沈德符在其编撰的《万历野获编》的第二十四卷中谈到了“京城俗对”中一些与饮食有关的对子，其中就有：“椿树饺儿对桃花烧卖”。这些对子后来在清代文人梁章钜等编撰的《巧对录》和褚人获编撰的《坚瓠[1]集》里，也都有引用。

从这个对子的内容来看，“烧卖”由于状似桃花，故名“桃花烧卖”，因此，饺子也很可能是因为外形酷似香椿树的叶子，所以便被称作“椿树饺儿”了。

“饺”这个字，目前能够查到的最早的出处，是宋代文人、官员宋祁和郑

① 这个字读作 hù，指一种一年生草本植物及其果实。这种果实嫩时可供食用，完全成熟后还可被加工成盛东西的器物。

历朝贤后故事图 含饴弄孙
清
焦秉贞

戬[2]等人编修的语文工具书《集韵》。但在当时，它还并不表示现在这种誉满全球的中华美食，而是表示饴糖的“饴”，即糖稀，并读作 jiào。这个字的字形也已清楚地表明了其特性——左边的“饣”表示字的意思与食物有关，右边的“交”则表示字的读音与它接近。

用“饺”来表示现代意义上的“饺子”，则大约是明代国子监生张自烈编纂《正字通》时的事情了，张氏在该书中解释道：“或曰今俗饺饵，屑米面和饴为之，干湿小大不一。水饺饵，即段成式食品汤中牢丸。或谓之粉角，北人读角如矫，因呼饺饵，讹为饺儿。”

张自烈在这段话的前面，同样继承了前人的考据成果，将“饺”解释成“饴”，所以才有“或曰”一说。另外，他所说的“段成式”，便是唐代《酉阳杂俎》一书的作者，所谓的“汤中牢丸”便出自该书。在《酉阳杂俎》中，与这种煮制食品相提并论的，还有“笼上牢丸”，大致是馒头、米饼一类的蒸制食品。

② 这个字读作 jiǎn，最初表示“铲除、歼灭”等意，后来也表示“吉祥、幸福”等意。

由此可见，饺子这种食物历史悠久，只不过从古至今名称不一，且“饺子”这一名称也出现得比较晚。

关于这种食物的起源，民间有一种传说，说是东汉名医张仲景发明了“饺子”。传说的大致内容是：

东汉末年，南阳出了个姓张、名机、字仲景的医生，他自幼苦读医书，博采众长，终成一代名医。他不仅医术高明，而且医德高尚。有一年冬天，张仲景家乡的天气十分寒冷，许多穷苦百姓的耳朵上都生了冻疮。张仲景见状，非常难受，于是决心救治他们。经过审慎研究，他叫弟子在南阳东关的一块空地上搭起医棚，架起大锅，在冬至那天向穷人舍药治伤。张仲景给出的药方名叫“祛寒娇耳汤”，意思是让冻伤的耳朵重新变得娇嫩。其做法是将羊肉、辣椒和一些祛寒的药材放在锅里熬煮，煮好后再把这些东西捞出来切碎，用面皮包成耳朵状的“娇耳”，再将之下锅煮熟后分给冻伤的百姓。人们服后浑身发热，血液通畅，两耳变暖，冻疮也渐渐好了。大年初一，人们为了庆祝新年，也为了庆祝耳朵上的冻伤康复，故而便模仿“娇耳”的形状制作过年的食物，并将这种食物命名为“饺耳”或“饺子”，以纪念张仲景开棚舍药并治愈民众的事迹。

显然，这种传说来源于民众对人性之善之美的向往，只可惜，该传说在历朝历代的正史里并无记载。但是，根据《正字通》和其他古代文献中的记载，我们可知，“饺子”最初的确被称作“饺饵”，“饺”表示用“饴”（糖稀）和面，“饵”则原指用米粉制作的糕饼一类食品，所以“饺子”最初也可以被归入这一类食品。但在后来流传的过程中，“饵”在某些情况下变成了与它读音相近的“儿”，因此，“饺子”才会出现上文中的“椿树饺儿”这样的说法。

需要注意的是，由于“饺子”既可以煮，也可以蒸甚至是煎，所以细分起来还有水饺、蒸饺、煎饺等等。而说起与蒸饺类似的食品，人们一定会想到与“椿树饺儿”成对的“桃花烧卖”。

“烧卖”和“饺子”一样，也有多种名称，如“烧麦”“烧梅”“稍梅”等等，其中最有趣的要数“捎卖”——“捎带着卖”。大型地方志丛书《绥远通志稿》中就有这样一段话：“惟室内所售捎卖一中[3]，则为食品中之特色，因茶肆附带卖之，俗语谓‘附带’为捎，故称捎卖。”

当然，据成书于朝鲜李朝时期的汉语教科书《朴通事》中的相关内容可知，元朝时，“稍麦”这类食物便已出现。而且，该名称源于其状似麦穗的封口。

③ 疑为“种”之误。

再行一步

曹雪芹的祖父曹寅有《正月二十九日随驾入侍鹿苑二月初十日陛辞南归恭纪四首》七言诗，其中一首诗中写道："黼[4]帐行开稍麦宴，銮舆高出晾鹰台。"清代文人李斗编著的《扬州画舫录》中也有："二梅轩以灌汤包子得名，雨莲以春饼得名，文杏园以稍麦得名"。可见，"烧卖"曾经确实有过"稍麦"这样的名称。

根据"烧卖"的不同名称在读音上的相似性，我们也许可以推断，这种食品最初应是先有了一种语音上的称呼方式，后来才被人们根据读音，以不同汉字命名，并且又因这不同的汉字而被附会上了种种含义，从而在客观上体现出了中华饮食文化的丰富内涵。

沈德符在《万历野获编》中谈到"京城俗对"的时候，还提到了另外一个对子："细皮薄脆对多肉馄饨"。其中，"馄饨""饺子"与"烧卖"实际上属同类食品，都是在面皮中包入馅料而制成。

宋代文人黄庭坚有一首五言诗《谢张泰伯惠黄雀鲊[5]》，他

④ 这个字读作 fǔ，指古代礼服上绣的黑白相间的花纹。"黼帐"意谓华美的帐篷。

⑤ 在这里读作 zhǎ，在此处指的是用鸟雀的肉腌制而成的食品。

在诗中写道："去家十二年，黄雀慳[6]下箸。笑开张侯盘，汤饼始有助。蜀王煎蘱[7]法，醯[8]以羊彘[9]兔（俗谓亥卯未馄饨）。麦饼薄于纸，含浆和咸酢。"诗中提到的"黄雀鲊"是宋代一种源自安徽的美味，对于其制作方法，宋代美食著作《吴氏中馈录》中有十分详细的描述，只是在当今时代，我们一定会反对这种用禽鸟来制作食品的残忍之举。从黄庭坚的诗中可知，他在享用这道美味的时候，是同"汤饼"一起吃的，并且他也提到，"汤饼"是由源自四川的烹制方法制作而成的，馅料包括羊肉、猪肉和兔肉，所以人们便用这几种动物所对应生肖的不同地支，即"未、亥、卯"来命名这种食物。而且，用于该食物的调味料中，则有用"食茱萸"加工制成的香辛料。因此，他自己注释说这种汤饼就是民间俗称的"亥卯未馄饨"。

"馄饨"这两个字都包含"饣"，一看便知与食物有关。它们右边的"昆"和"屯"均表示字的读音与它们接近。这种食品在唐代文人段成式的著作《酉阳杂俎》中就有记载。在成书于南北朝时期的语文工具书《玉篇》中，"馄"和"饨"的释义都为"馄饨"。

⑥ 这个字读作 qiān，意为"吝啬"。在这里表示"难得"之意。

⑦ 这个字读作 yì，指一种名为"食茱萸"的植物，其籽实有辛辣味，可以充当作料。

⑧ 这个字读作 xī，指古代类似醋的调味品。

⑨ 这个字读作 zhì，指猪。

而根据《集韵》等古代工具书记载，我们可知，“馄饨”的“馄”在古代也写成“腽、餫[10]、棍”等；而且在一些古代文献中，类似“馄饨”的食品亦有“浑沌”这一称谓。到了现在，“馄饨”这种食品在一些地区则又被称为“云吞”“抄手”等等。

对于“馄饨”这种美味，一些古代文人也是情有独钟的，尤其在宋代，不少文学家都曾经创作过以“馄饨”为题的诗文，如梅尧臣的《江邻几邀食馄饨学书漫成》、晁说之的《谢蕴文荠菜馄饨》、陈著的《次韵前人食素馄饨》和洪咨夔[11]的《荠馄饨》等。这种情况恰与传世名画、宋代画家张择端创作的《清明上河图》所折射出的宋朝繁荣的饮食文化彼此呼应。

馄饨、饺子和烧卖这类食品，无论大小、荤素，面皮里面包着馅料都是其最根本的特征。馅，是它们的精华甚至灵魂。

“馅”这个字左边的“饣”表示字的意思与食物有关，右边的“臽”在金文里被写成“”等，形如一个人掉在了陷坑中——这就是“陷”的含义，后来它也表示“陷阱、坑”等意。“臽”在“馅”字里的作用有两个：一是表示“馅”的读音与它接近；二是由于它本身就有“处在中间和里面”之意，故而间接表示“馅”

⑩ 这个字也读 yùn，意为运粮。

⑪ 这个字读作 kuí，指古代传说中的一种龙形异兽。

字含有“处在中间和里面”的意味。由此，“馅”的本义就是“包在米面所制的食品中的心子”。

宋代诗人邓肃在其《鼓腹谣》一诗中写道：“当时大镬四十石，馅粗如柱饼八尺。饱食起来舞金刚，挥戈天上驻斜日。”如此巨饼，实际上是饿肚子之人的想象；但它同时也表明，只有把“饼”做大了，劳动者才可能更好地共享。

馒头

mán·tou

饅頭

小篆

隶书

楷书

行书

苏轼曾作过一篇《记里舍联句》，全文是：

幼时里人程建用[1]、杨尧咨、舍弟子由[2]会学舍中《天雨联句》六言。程云：“庭松偃仰如醉。”杨即云：“夏雨凄凉似秋。”余云：“有客高吟拥鼻。”子由云：“无人共吃馒头。”坐皆绝倒，今四十余年矣。

在这出有趣的雨天联句的游戏中，年幼的苏东坡颇显雅致，他说的是有人用纯正的标准语舒缓不迫地吟诵诗文；而他弟弟苏辙则把幼童的贪吃本色暴露无遗，说没有人愿与他人共同分享一个馒头。

通过这则趣闻，我们可以知道，当时已经有了名为“馒头”的食品。

对于这种食品，宋代文人高承在《事

① 苏东坡的朋友。东坡曾作诗《送程建用》《送程建用宣德西归》等。

② 苏辙，字子由。

诸葛亮像
元
赵孟頫

物纪原》一书的《酒醴饮食·馒头》中是这么描述的："小说云，诸葛武侯之征孟获也，人曰'蛮地多邪术，须祷于神，假阴兵一以助之。然蛮俗必杀人，以其首祭之，神则享之，为出兵也'。武侯不从，因杂用羊豕之肉而包之以面，像人头，以祠。神亦享焉，而为出兵。后人由此为馒头。"

这则传闻意在称颂诸葛亮的仁厚与善良。他在"七擒孟获"的过程中，为了获取胜利，一方面顺应了地方的某些祭祀传统，另一方面也将当地比较残酷的一些风俗予以改革。而且正是由于这项义举，在以后漫长岁月中长盛不衰的主食面点——馒头得以诞生。

就像传闻中所说的，“馒头”的“头”的确意味着这种食物形似人头——因为“馒头”后来亦有“馒首”这样的称谓，尤其是在明清时期的一些文学作品中，这种称谓更常见。但是，“馒头”的“馒”究竟何意，不同的人则有不同的看法。有人认为，诸葛亮“七擒孟获”及发明“馒头”的地方古为“蛮夷之地”，所以就采用了与“蛮夷”的“蛮”读音相同的“馒”为这种食物命名。也有人认为，因为诸葛亮用“馒头”代替真人人头来祭祀，终究是对神灵的欺瞒，所以“馒”或许包含着“欺瞒”之意。

“馒”这个字左边的“饣”表示字的意思与食物有关，右边的“曼”表示字的读音与它接近。古代工具书中，“馒头”的释义主要有两种：一种是“饼”；另一种是“面食”。明朝末年国子监生张自烈在其编纂的《正字通》中，对“馒”

字解释得十分详细。他除了提到诸葛亮发明馒头的故事以及不同地区对这类食品的不同称呼之外，还提到了“包子”和“馒头”的渊源，并说：“今俗屑面发酵，或有馅，或无馅，蒸食者谓之馒头。”

张自烈的解释恰好反映了“馒头”这种名称在不同地区所对应的不同面点。比如当听到上海著名小吃“南翔馒头[3]”的时候，其他地方的人的确常常会感到诧异：就一个馒头，竟然也能成为名吃？因此，我们往往能看到某些人不情不愿地排在人群中，慢慢踱进小店。但是，一口下去之后，这些人便再也停不下筷子了，而且一边吃，一边还含混不清地说着：“这明明就是包子么。”

“包子”确实与“馒头”不同，前者从古至今指的一直都是一种有馅的面点，例如宋代文人吴自牧在其《梦粱录》中详细列举的，既有“肉包子、细馅大包子”，也有“水晶包儿、笋肉包儿、蟹肉包儿”，还有“糖肉馒头、笋肉馒头、蟹肉馒头、辣馅糖馅馒头”等等。

这种情况或多或少同“包”这个字有关。“包”

在小篆里被写成“”，按照古人的解释，该字形很像母亲腹中怀有胎儿的样子，因此，其本义或为“胞衣”，也即“胎衣”；或者意为“怀孕”。但无论是哪种含义，其中都含有“里面有东西”这样的意思。所以，当“包子”一词作某种“食品”来讲时，自然也意味着它的里面一定会有馅料。

③ 现在，这种食物更常用的名称是“南翔小笼”。

陆游有一首诗，题目是《食野味包子戏作》，他在诗中写道：“珍饷贫居少，寒云万里宽……放箸摩便腹，呼童破小团。”看来，由于生活拮据，诗人对包子这种食品也是疏远已久，所以一旦有幸品尝，依旧痴迷至此——一边抚摸着渐渐饱胀的肚子，一边还让童仆为之继续挑开包子皮儿。

再行一步

陆游在《食野味包子戏作》这首诗里还有另外两句："叠双初中鹄[4]，牢九已登盘。"我们从诗句中可以看出，诗人在饭前还曾经以射箭游戏自娱自乐，而且十分幸运的是，他竟然有两次都射中了靶子。只是，盛到盘子里的"牢九"多少有些让人摸不着头脑——"包子"与"牢九"有什么关系呢？

明代藏书家俞弁[5]编著的《逸老堂诗话》中有这样一段话：

东坡诗以"牢九具"对"真一酒"，诚工矣，然不知为何物？后见《酉阳杂俎》引伊尹[6]书，有笼上牢丸、汤中牢丸，"九"字乃是"丸"字。诗人贪奇趁韵，而不知其误，虽东坡亦不能免也。"牢丸"即今之汤饼是也。

按照俞弁的理解，"牢九"系"牢丸"之误，连苏东坡这样的大学士竟然也在小河沟里翻了船。当然，毫无疑问，陆游同样由于不小心，也出了和苏东坡一样的糗事。根据唐代文人段成式编写的《酉阳杂俎》，我们得知，"牢丸"当为饺子、包子一类有馅料的食品。所以，陆游诗句中的那种盛到盘子中

④ 这里读作 gǔ，指箭靶子。

⑤ 这个字读作 biàn，最初指古代的一种帽子。

⑥ 庖厨鼻祖，也是殷商时期政治家、思想家，商汤的丞相。

西园雅集卷（局部）
宋
刘松年

的食物，肯定是包子无疑了。

就像前面《梦粱录》中列举的，在中华美食之中，仅仅包子这一种面点，就花样繁多得令人咋舌：个儿大的可供几个人共享，个儿小的或许不盈一口；而其中包裹的馅料更是千般万种——荤的、素的，咸的、甜的……不一而足。

如果排除"包子"意义上的"馒头"，那么跟包子不同的是，不带馅儿的"馒头"除了口感、味道、形状略有差异，基本上同质性更强。但是，这种面点在一些地区却有"馍"这一称谓，例如清代小说《大八义》中："正在此时，听见远处有小鼓声，正是卖馍（就是馒头）的。"作者在书中就将"馍"自注为"馒头"。而在另一部清代小说《明珠缘》里，作者则是把"馍馍""馍首”和“馒首”作为同一种食品的名称交叉使用。

然而，“馍”这个字除了表示“馒头”之外，还可以表示“面饼”。比如成书于宋代的大型古典小说总集《太平广记》，在第二百五十八卷中有这样一则故事：唐代武则天时期有一位名叫张衡的官员，他某天下朝之后，在路旁看见有卖蒸饼的刚熟馍，就买了一张马上吃了，结果却因此被同行检举而受罚。书中的“蒸饼”和“馍”显然指的是同一种食品。

而历史悠久的陕西著名美食“羊肉泡馍”，其中的“馍”即指一种在平底锅一类炊具中通过干烙而成的面饼。据说这种在陕西土生土长的平民化美食与古代一种被称作“羊羹”的美食具有一定的继承关系，而“羊羹”在古代却是可以“居庙堂之高”的——既可以充当宗庙中的祭品，也可以成为公卿大夫餐桌上的美味。

根据《礼记》等文献中的记载可知，用牛羊肉烹制的“羹”是可以成为祭祀中的供品的，只不过当时还有一些专门用来指代这类“肉羹”的字，例如“臐[7]”等。而《晋书》《宋书》《魏书》《南史》《北史》等文献中亦有记载：魏晋南北朝时期历

⑦这个字读作 xūn，意思是羊肉羹。

仕于东晋、北魏的毛休之，也“尝为羊羹”并拿给其上司品尝，结果被赞为“绝味”。

此外，苏东坡《次韵子由辛丑除日见寄》五言诗中，也有“秦烹惟羊羹”这样一句。苏轼的诗，至少证实了宋朝时陕西一带的确有名为“羊羹”的美味。

不过，“羊羹”虽然味美，却也可以引起祸端。宋代诗人范成大曾在《河豚叹》一诗里写了“羊羹华元衄[8]”这样一句。这句诗引用了一个见载于《史记》《汉书》等文献的典故，其大致内容是春秋战国时期，宋国有一位名叫华元的武将，由于在分配“羊羹”时忽略了给他驾车的车夫，引起了后者的记恨，故而在战场上被其单车载入敌阵，最终导致本方军队因失去主帅而战败。

从字形上来说，“馍”这种字形产生的年代并不久远，最初表意与之相似的字形是上面一个“麻”、下面一个“食”、结构与“摩”相近；后来，又出现过左边为“食”、右边为“磨”的字形。这几种字形指的都是“面饼”一类食品。但需要注意的是，现在通用的规范字只有“馍”，而其他那些字形则已不再使用了。

⑧ 这个字读作 nǜ，原本指鼻子等部位出血，后来也产生了“战败”等含义。

糕

gāo

糕

小篆

隶书

楷书

行书

南宋理学家魏了翁曾在某一年的重阳节填过一首《贺新郎·九日席上呈诸友》，词的下阕是："糕诗酒帽茱萸席。算今朝、无谁不饮，有谁真得。子美[1]不生渊明老，千载寥寥佳客。无限事、欲忘还忆。金气高明弓力劲，正不堪、回首南山北。谁弋雁，问消息。"

作者在这首词中，除了反映重阳节吃糕、饮酒、佩茱萸等习俗，也流露出对南宋政权偏安一隅的慨叹，而且，他也对当时社会上缺少像杜甫、陶渊明这样的贤人而感到惆怅。魏了翁在大雁南飞的深秋时节遥望北国，以"鸿雁传书"这个典故来真切地表达了对故土的怀念。词中的"弋雁"只是被用来表达作者的

① 杜甫，字子美。

雍正十二月行乐图 九月赏菊
清
郎世宁

某种意绪而已，并非真实意义上的射猎大雁。

魏了翁这首词中提到的“糕”，指的是重阳节的传统食品“重阳糕”。对于这种节令美食，宋代文人吴自牧在《梦粱录·九月》中是这么描述的：“兼之此日都人[2]市肆，以糖面蒸糕，上以猪羊肉鸭子为丝簇饤[3]，插小彩旗，名曰‘重阳糕’。”显然，在当时的京城，民众与摊贩都会在农历九月九日这天制作“重阳糕”。

由于重阳节适逢晚秋菊花竞放，所以这种用糖、面等制成的“重阳糕”又被称作“菊糕”。宋代文人周密在《乾淳岁时记·重九》里就曾经写道：“都人是日饮新酒、泛萸、簪菊，且各以菊糕为馈。”看来，这种节令食品还是馈赠亲友的佳品。

“糕”这个字左边的“米”表示字的意思与食物有关，右边的“羔”表示字的读音与它接近。但据学者考证，这个字是宋代时在民间出现的一种通俗字形。在它产生之前，人们往往将左边的“米”写成“粮食”的“食”，而且，这也是一种秦朝之后才出现并被宋人补入《说文解字》的字形，释义为“饵属”，即一种由米粉制成的糕饼。而现在，“米字旁”的“糕”则是唯一通行的规范字。

明代梅膺祚编纂的《字汇》和张自烈编纂的《正字通》里，都收录了现在通用的“糕”字；而且，他们在解释该字时，都提到了东汉经学大师郑玄在注释《周礼》中“糗饵粉糍④”时所言的“今之糍⑤糕”。

通过查阅清乾隆年间由纪昀等人奉旨编修的《钦定四库全书》，我们可以

② 即京城民众。

③ 这个字读作 dìng，指堆叠在食具中供陈设的食品。

④ 原文中用的是异体字“餈”。

⑤ 见前条注释。

发现，由汉代郑玄作注、唐代贾公彦作疏的《周礼注疏·卷五》中，的确有“饼之曰糍[⑥]”“今之糍[⑦]糕”这样的说法。但是，这段文字中的“糕”字，其字形是否为郑玄所用则有待证实。

宋代文人胡仔所撰的《苕溪渔隐丛话》后集中也有“饵糕,今糍糕是也”之语——看起来,到了宋代,“米字旁”的“糕”确实进入了人们的视野，而且使用率也逐渐提高。宋代诗人崔鶠[⑧]也有一首写重阳节的《和吕居仁九日诗》，其中有云：“归去乞钱烦里社，买糕沽酒作重阳。”从诗中看，诗人的生活似乎并不宽裕，买酒买糕过节还要向邻里借点钱才行。

明代文人李渔在《闲情偶寄》中专门谈论过“糕饼”的制作，他说：“谷食之有糕饼，犹肉食之有脯脍。……食之精者，米麦是也；脍之细者，粉面是也。……糕贵乎松，饼利于薄。”他不仅认为糕饼是美味，而且还提到了制作糕饼的主要材料以及制作工艺中的核心要素。

从李渔的论述看，“糕”“饼”应当是两类用米面制作的点心。

京都叫卖图 卖蜂糕、艾窝窝
清
佚名

京都叫卖图 卖年糕
清
佚名

“饼”左边的“饣”表示字的意思与食物有关，右边的“并”表示字的读音与它接近。许慎在《说文解字》中对“饼”的解释是：“面糍也。”再参照其他古代文献中“溲麦屑蒸之曰饼”等解释，我们可以得知，古代的“饼”是一种用面粉蒸制而成的食品。

⑥ 见前条注释。

⑦ 见前条注释。

⑧ 这个字读作 yǎn，是凤凰的一种别称。

再行一步

然而一个很有趣的现象是，古人在解释由面粉制作的“饼”这种食物时，多用意为“米饼”的“糍”字。而日本学者笹[9]原宏之在其《汉字的现在》这本书中谈论“饼”时，提到了一项调查研究——让中、日、韩三国的学生分别在纸上画出自己认识中的“饼”，结果发现中国学生画的大都是近似面饼的面点，而日、韩学生画的则大多是近似米糕甚至汤圆的一类食品。

上述调查表明，在汉字流传的过程中，许多汉字的内涵也在悄然发生着变化——其实，这也正是汉字的生命力所在。

在当今时代，“糕、饼”的含义更加宽泛：“糕”也可以表示由面粉、淀粉为主料制成的“蛋糕、雪糕”等美食；而“饼”亦可以表示由“糕粉”（糯米粉）制成的“老婆饼”，以及以大米或糯米为主料制成的休闲食品——米饼，等等。此外，在许多城市遍地开花的“饼屋”中琳琅满目的产品，也早已不再局限于传统意义上的“饼”。而且，“糕饼”这种说法除了表示传统意义上的中式糕点，也已经将各种西式点心囊括了进来，

⑨ 这个字读作 shì。据考证，该字古已有之，或为“屉”的异体字，或为意为“薄木片”的“枼”的异体字。现在是日本当用汉字，指群生于山野中的矮竹，也是日本家徽名。

比如许多“饼屋”中都有的饼干、布丁等等。

实际上，在古代，“饼”除了蒸或烙等制作方法之外，也有经煮制而成的所谓“汤饼”。宋代文人黄庭坚在其五言诗《读方言》中云：“今年美牟[10]麦，厨馔丰饼饦。”句中的“饼饦”就是汤饼，它在古代也被称为“馎饦[11]”。欧阳修在《归田录》卷下中就曾经谈道：“汤饼，唐人谓之‘不托’，今俗谓之馎饦矣。”而贾思勰在《齐民要术·饼法》中，表述得则更加清楚：“馎饦，挼[12]如大指许，二寸一断，着水盆中浸。宜以手向盆旁挼使极薄，皆急火逐沸熟煮。非直光白可爱，亦自滑美殊常。”这种“汤饼”显然已经近似比较粗、比较宽的“面条”了。

当然，无论是哪种“饼”，它们肯定都是可以用来充饥饱腹的食品，与我们日常生活的紧密联系自不待言，因此，古人在表示“谈论吃喝”这种意思时，还有一种说法，叫作“说饼”。如明代诗人、书画家宋珏的五言长诗《读金陵俞仲髦荔枝辞戏作五十四韵》中就有两句：“言梅宁止渴，说饼岂疗饥。”这首诗充满了戏谑意味，诗人写了自己夜晚时到荔枝园采摘并享用荔枝的情景，意在调侃在金陵做官却喜食荔枝的俞仲髦——正所谓“言

⑩ 通“麰”，指大麦。

⑪ 此词读作 bótuō。

⑫ 这里读作 ruó，意为揉搓。

梅止渴、说饼疗饥”。另外，俞氏由于对荔枝过度痴迷，所以曾表示哪怕被贬官，也要被贬到盛产荔枝的“枫亭驿[13]”。

“说饼”这种说法应当来源于南梁文学家、史学家吴均。此公曾作《饼说》一文，写了刘宋时的一位君主与掌管宫廷饮食事务的太官丞之间的对话：“公曰：‘今日之食，何者最先？’季曰：‘仲秋御景，离蝉欲静，燮[14]燮晓风，凄凄夜冷，臣当此景，唯能说饼。’”之后，这位名叫程季的太官丞便如数家珍地讲到了许多珍贵的美味。

仲秋论“饼”，自然会让人联想到中秋节的节令食品——月饼，就像人们在立春时惯吃的“春饼”、在端午节时惯吃的“五毒饼”等等。

陆游有一首《腊月》：“今冬少霜雪，腊月厌重裘。渐动园林兴，顿宽薪炭忧。山陂[15]泉脉活，村市柳枝柔。春饼吾何患，嘉蔬日可求。”冬季犹暖，春日渐近，诗人的心情看起来也相当轻松。

以节令食品入诗，这本来是一桩雅事。但是由于古代文人在写作诗文时惯于字斟句酌，故而唐代诗人刘禹锡在重阳节作

⑬ 现位于福建省泉州市、莆田市和仙游县交界处。

⑭ 这个字读作 xiè，“燮燮”形容树叶掉落的声音。

⑮ 这里读作 bēi，意为山坡。

诗时，还给后世留下了一则“题糕”的趣闻。

宋代文人邵博在《邵氏闻见后录》卷十九里记载了这么一件事：“刘梦得作《九日诗》，欲用糕[16]字，以《五经》中无之，辍不复为。宋子京以为不然。故子京《九日食糕》有咏云：‘飙馆轻霜拂曙袍，糗糍花饮斗分曹。刘郎不敢题糕字，虚负诗中一世豪。’”

该掌故中的“子京”乃宋代文人宋祁，他对刘禹锡因尚未在经籍中见过“糕”字而放弃创作吟颂重阳节的诗文不以为然，便写下此诗来表明自己的态度，同时也给后人留下了“是创新还是守旧”的思考题。

⑯ 原文中是“糕”的异体字“餻”。这段文字后面的若干“糕”字均同此。

粥

zhōu

小篆

隶书

楷书

行书

唐代诗人王维写过一首《田家》，诗的开头四句是："旧谷行将尽，良苗未可希。老年方爱粥，卒岁且无衣。"去年的粮食眼看就要吃完，田里的禾苗就算长势喜人，但于青黄不接之际，显然也指望不上。人的年岁越大，经历越多，也就越懂得爱惜粮食，然而即便如此，一年到头常常还是缺粮少衣——这就是王维眼中的种田人，辛勤劳作，"汗滴禾下土[1]"，但就算年景不错，在沉重的封建赋税之下，老百姓也只能艰难度日。

粥是一种用米和水熬煮而成的食物，由于含水量大，所以它在容易被人消化吸收的同时，为人体提供的能量也较为有限，故而干重体力活的人若只喝粥，

① 摘自唐代诗人李绅《古风二首》。

墨戏图册
清
金农

应该很快就会产生饥饿感。农家不易，连这种饱腹作用有限的食物竟然也成了稀罕之物，这让人不得不对粮食倍加珍惜。

“粥”这个字最初的字形要复杂一些，其下面还有一个表示器物的“鬲”，也就是“隔离”的“隔”的右半部分。这个字其实就是后来被借去表示“售卖”之意的“鬻②”，例如“卖官鬻爵”。

而这个“鬻”字却是“粥”最初的字形，在古代也读作 zhōu。其中，“米”表示字的意思与米有关，其余的部分也是一个字——在古代既有上面两个“弓”字、下面一个“鬲”字的字形，也有左右两个“弓”字、中间一个“鬲”字的字形。这种字形在小篆里被写成“”——中间是表示器物的“鬲”，两边的字形则模拟蒸汽之貌，显然指的是正在加热食物的炊具，所以它在古代也与表示炊具的“鬲”意思相通。

因此，“粥”最初的字形的含义是把米放在炊具中加热、熬煮，其结果就是《说文解字》中的“健③”或另外一些工具书中的“糜”。而在由晋代训诂学家郭璞作注、北宋教育家邢昺④作疏的《尔雅注疏》中，则有更详细的释义：“稠者曰糜，淖⑤者曰鬻⑥”，意谓煮得稠一些的是“糜”，而煮得稀一些的则是“粥”。

通过梳理“粥”这个字的源流，我们可以得知，“粥”这种食品的历史非常悠久，而中华祖先的聪明才智也使它成为一种花样繁多的美味——在幅员辽阔的中华大地上，无论哪个地域，都有或清甜、或咸鲜的滋味百变的粥品。当然，

② 这个字现在读作yù。

③ 这个字读作jiàn，意思是粥。

④ 这个字读作bǐng，意谓光明。

⑤ 这个字读作nào，指烂泥、泥沼等。

⑥ 此字在这里指的就是“粥”，读音也是zhōu。

其中最具影响力的则要数节令美食“腊八粥”了。

关于这种粥品的缘起，民间有多种传说，然而通过勘核史料，我们大致可以找寻到两种不同的说法：一种是中国古代的“蜡祭”习俗；另一种是佛教中的“佛祖成道日”。

关于前一种，可以参阅《饮食字传·烹制篇》中《熏》字一篇——由于在农历腊月初八时举行的“蜡祭”这一祭祀活动带有感恩和庆祝丰收的寓意，所以人们用多种食材煮粥便恰好符合该祭祀的主旨。后一种则是佛教寺院中为了纪念腊月初八“佛祖成道日”，所以每年的这一天，僧人们都要用多种食材煮粥——一来礼佛，二来也可以让僧众和善男信女们分享。

节令之外，一些古代文献中所记载的粥品也令人称道。南宋文人林洪在《山家清供》一书中就记载了一种被称作“梅粥”的粥品：“扫落梅英拣净洗之，用雪水同上白米煮粥，候熟，入英同煮。”这样清雅的粥品，就算只闻一闻味道，大概也会让人变得雅致起来吧。难怪宋代诗人杨万里在其《落梅有叹》中，也提到了类似的粥品。全诗是：“才看腊后得春饶，愁见风前作雪飘。脱蕊收将熬粥吃，落英仍好当香烧。”

在一些地方，“粥”也被称作“稀饭”。清末民初文人葛虚存在其所著的《清代名人轶事》中，就谈到曾国藩曾命人抄录别人送给他的贺颂诗文并将之自题为《米汤大全》这件逸事，同时还引用了清代文人李冰叔的诗句：“英雄末路拿稀饭，混沌初开灌米汤。”

这里所谓的“灌米汤”，实际上指的是为了达到某种目的而用甜言蜜语奉承、迷惑人的行为。

“汤”这个字最初由“氵”和表示“太阳初升”的“昜[7]”字构成。左边的“氵”表示字的意思与水有关，右边的“昜”则既表示字的读音与它接近，又表示字的意思与太阳及其热度有关。许慎在《说文解字》中对“汤”的解释是：“热水也。”

⑦这个字读作 yáng。

再行一步

“汤”字中的“热水”这一含义，从古至今一脉相承。《山海经》里就有“其水温热若汤”这样对温泉的描述；北魏郦道元的《水经注》中，更是多次出现表示温泉的“汤”字；唐玄宗御用的“华清池”就更是妇孺皆知了，而它的前身则可以追溯到西周时期的“星辰汤”和秦始皇时的“骊山汤”等。

东汉天文学家、数学家、文学家张衡的《东京赋》中也有：“温液汤泉，黑丹石缁[⑧]。”而苏东坡在其《咏汤泉》中，描写了火山喷发、热水横流的骇人景象，不过所幸其灾害还不足以毁城灭国。诗中有云：“郁攸火山裂，觱[⑨]沸汤泉注。”其中，“郁攸”指的是火焰，“觱沸”则被用来形容泉水涌出的状态。

与火山喷发相伴随的“汤泉”，其实就是人们利用地热资源进行洗浴的“温泉”，所以，现在我们常常还能听到“泡汤”这样的说法。当然，这里的“泡汤”意谓“泡温泉”，而不是指事情或希望“落空”意义上的“泡汤”。

现在我们常常使用的表示“不畏艰险”的成语“赴汤蹈火”，

⑧ 这个字读作 zī，意思是黑色。

⑨ 这个字读作 bì。“觱篥”即指古代西域的一种吹奏乐器。

卖浆图
清
姚文瀚

其中的“汤”便表“热水”之意。正由于其有“热水”这一义项，所以“汤”后来才会产生“食物煮后所得的汁水”及“烹调后汁儿特别多的副食”这类含义，前者如“面汤、米汤、高汤”等，后者如“鸡蛋汤、豆腐汤、四菜一汤”等。

需要注意的是，“汤”还有 shāng 这种读音，“汤汤”形容“水流大而急”之貌，例如宋代范仲淹《岳阳楼记》中的“衔远山，吞长江，浩浩汤汤，横无际涯”。

另外，古代文献中还存在“汤谷”这样的说法，例如屈原的

《楚辞・天问》："出自汤谷，次于蒙汜[10]。自明及晦，所行几里？"这几句诗的大致意思是：太阳从汤谷升起，栖息于蒙汜之地，从天亮到天黑，究竟走了多远？

诗句中的"蒙汜"指的是神话中太阳西沉的地方，而"汤谷"显然就是旭日升起的地方了。但是，"汤谷"若从"日出之处"的意思来看，它最初应当被写作"旸[11]谷"，因为"旸"本身有"太阳升起"与"光明"的含义。例如在一些古代文献中有记载，孔子的十世孙孔安国在给《尚书》作传时，就曾经写道："日出于谷而天下明，故称旸谷。"

陶渊明《读〈山海经〉》之六里也有："洪柯百万寻，森散覆旸谷。"诗句中的"洪柯"显然是一种传说中的神树了。这种树竟然可以高达"百万寻"（西周时的长度单位"寻"若以当时的计量标准来换算，相当于"八尺"），而且枝繁叶茂，能够遮蔽整个"旸谷"。"森散"的意思就是"枝叶茂盛"。

现在看起来，普普通通的一个"汤"字，它在古代却具有如此丰厚的意蕴。当然，在日常生活中，"羹汤"尽管属于不足挂齿的微物，但终是居家过日子的必需。唐代诗人王建曾作《新

⑩ 这个字读作 sì，原指不流通的水沟。汜河是河南省境内一条河流的名称。

⑪ 这个字读作 yáng。

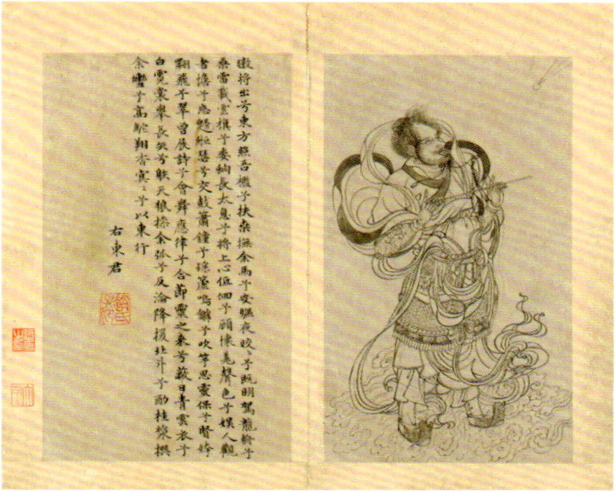

九歌书画册 东君
元
赵孟頫

嫁娘词三首》，他在里面写道：“三日入厨下，洗手作羹汤。”这无疑是夫妻恩爱的真实写照。

另外，在有些情况下，日常琐事其实也可以反映出一个人的德行秉性，甚至是胸怀和抱负。

清代官员、文人黎庶蕃曾作《春菜诗》，其中有两句：“庾鲑[12]顿顿勉加餐，范甑[13]朝朝供画粥。”这两句诗里隐含了两个典故，一个是“庾鲑”，一个是“画粥”。

“庾鲑”典出南梁史学家萧子显编纂的《南齐书·庾杲之传》。庾杲之生活清贫，日常所吃的食物往往只有腌渍的韭菜，

⑫ 这个字在此处读作 guī，是若干种鱼的统称，其中比较有代表性的是“大麻哈鱼”。当这个字读作 xié 时，在古书上指鱼类菜肴。

⑬ 这个字读作 zèng，指古代用于蒸饭的一种瓦器。

两江名胜图册 苏州范仲淹祠堂
明
沈周

也有生鲜的韭菜等，但他却十分豁达，曾自我解嘲说：“谁谓庾郎贫，食鲑常有二十七种。”这里的“二十七”寓意“三九”，指与之谐音的“三韭”。

“画粥”一说则源自北宋文人魏泰所著的《东轩笔录》，他在书中写道：“公少与刘某上长白僧舍修学，惟煮粟米二升，作粥一器，经宿遂凝，以刀画为四块，早晚取二块，断齑[14]数十茎，酢[15]汁半盂，入少盐，暖而啖之。如此者三年。”此即“断齑画粥”这一成语的由来。

可见，范仲淹在少年求学的时候，由于家贫，只能把凝固后的粥分成小块以供几顿食用。正是这样一则故事，突显了少年范仲淹刻苦读书、不为贫穷所累的品质，反映了他超乎常人的毅力与志向，而他最终也因此成为名垂千古的文学家、政治家、军事家和教育家。

⑭ 这个字读作jī，指细切后用盐酱等调料腌渍的蔬菜。

⑮ 意即醋，读音也同“醋”。

羹

gēng

羹

《尚书·商书·说命下》中有一句著名的话："若作和羹，尔惟盐梅。"意谓如果烹制带汁儿的肉类菜肴，那么梅子和盐都是不可或缺的。

唐代诗人孟郊则在五言诗《吊卢殷》中写道："寺中摘梅花，园里翦浮芳。高嗜绿蔬羹，意轻肥腻羊。吟哦无滓韵，言语多古肠。"诗人称赞卢殷的意趣、心态和才情，说他常与花草为伴，饮食重素而轻荤，所作的诗中没有拙劣的词句，文辞蕴含着旷古情怀。其中，"滓韵"指的是品质低劣的诗，而"绿蔬羹"指的则是用蔬菜熬煮的菜肴。

"羹"这个字现在的字形源于小篆，由"羔"和"美"构成。而在小篆产生之前，

小篆

隶书

楷书

行书

它的字形很复杂——用“羊羔”的“羔”替换“卖官鬻爵”中“鬻”字里面的“米”。许慎在《说文解字》中对这个字的解释是“五味盉①羹也”；其他文献中的释义则或为“肉”，或为“肉有汁”。

按照《说文解字》中所收录的字形和解读，再参照后人的考释与增补意见，我们可知，该字形中的“羔”也可以写成“美”，它们实际上都表示字的意思与“肉”或“美味”有关；而其余部分的小篆字形“”则形似器皿上面冒着蒸汽，意谓“烹煮食物”。所以，两个部分合起来，就表示用炊具烹制的食物，如“肉羹”之类的了。

当然，就像前面孟诗中所呈现的那样，“羹”后来也可指用非肉类食材所烹煮的菜肴。汉魏时期，曹植著名的《七步诗》中就有“煮豆持作羹”这样的诗句。

而根据《尔雅》与清代段玉裁的《说文解字注》等古代文献，我们得知，“肉谓之羹”“菜谓之芼②”，即古人曾把用蔬菜制作的“羹”称作“芼”。

这个“芼”字曾出现于《诗经·周南·关雎》“参差荇菜，左右芼之”一句中，含义为“拔取”，而它

端阳故事图册 赐枭羹
清
徐扬

香菌花蛤图
清
边寿民

最初的意思却是“草覆地而蔓延”。

南宋理学家张九成曾作《拟归田园》，诗中有云：“门前草三径，堂下柳五株。虽无羊酪羹，箪瓢亦晏如[3]。”我们根据诗的标题可知，“柳五株”显然指的是“五柳先生”陶渊明，而“草三径”则或许源自陶渊明《归去来兮辞》中的“三径就荒”——同样意指陶渊明，当然，也可能指的是新莽时辞官退隐的名士蒋诩；“箪瓢”则出自《论语·雍也》篇

① 这个字读作 hé，指古代一种主要用于调和酒味浓淡的器皿。在这里，其相当于“调和”。

② 这个字读作 mào。摘自段玉裁《说文解字注》。

③ 意思是“安宁、安适、安逸”等。

中刻画颜回清贫生活的“一箪食，一瓢饮”。这几句诗透露出了作者归隐田园的意念——他并不在意吃不到“羊酪羹”这样的美味，因为简朴的饮食同样会令他心情愉悦。

“酪”这个字左边的“酉”原本表示器皿，在这里则表示“酪”的意思与制作食品的器皿有关；右边的“各”表示“酪”在古代的读音与它接近。许慎在《说文解字》中对“酪”的解释是：“乳浆也。”这里的“乳浆”并不等同于“乳液”，而是指一种用牛、羊等动物的乳液制成的半凝固食品，类似于现在人们所说的“奶酪、乳酪”等。

在宋代文人曾慥[④]编纂的大型笔记小说总集《类说》中，记载了一种名为“银饼馅”的美食：“韦澳、孙宏同在翰苑，宣宗赐银饼馅，食之甚美，皆乳酪、膏腴所制。[⑤]”写的是唐宣宗李忱把“银饼馅”这种美味赐予在翰林院供职的两位官员，这两位官员食用之后觉得非常好吃，因为这种美味基本上是由乳酪和动物油脂制成的。

人们制作该食物时兼用乳酪与膏腴，显然是因为

京都叫卖图 卖酪
清
佚名

它们都具有肥美的特征。“膏”这个字由“高大”的“高”和“月”构成，“高”表示字的读音与它接近，“月”表示字的意思与肉有关。许慎在《说文解字》中对“膏”的解释是：“肥也。”而段玉裁在《说文解字注》中则将其解释成：“脂也。”意谓脂肪。

苏东坡的《廉州龙眼》诗里有：“累累似桃李，一一流膏乳。”将他喜爱的龙眼肉比喻成洁白的乳液和细腻、润泽的脂肪。

④ 这个字读作 zào，“慥慥”意谓忠厚诚实的样子。

⑤ 此段文字的标点为本书作者所加。

再行一步

京都叫卖图 卖杏仁茶
清
佚名

膏、酪均有半凝固、半流质的形态，所以它们后来也都可以表示形态与之类似的食物甚至是其他事物。

宋代诗人范成大写过一首《雪寒围炉小集》七言诗，诗中有云：“高饤膻根[6]浇杏酪，旋融雪汁煮松风[7]。”诗句中虽然不见美酒，但是其意境堪比白居易的“红泥小火炉[8]”，诗人也是于大雪纷飞的冬日，躲在屋中与友人谈天说地、享用美食。诗句中的“杏酪”，原本指一种常常在寒食节食用的食品，也称“杏粥”“杏仁粥”等，是一种把杏仁研磨后烹煮而成的状似乳酪的食品。

明代文人王韦有一首《与陈宗虞夜坐》，诗中有两句：“烛融兰焰紫，杯泛杏膏红。”“杏膏”指的是一种由杏仁炮制而成的脂膏，也称“杏油”，古代妇人常用它点嘴唇，如苏东坡《南

⑥ 指羊肉。
⑦ 这里指茶。
⑧ 摘自《问刘十九》。

乡子·用前韵赠田叔通家舞鬟[9]》:"更且檀唇点杏油。"而"兰焰"则又和"兰膏"有关了,如《楚辞·招魂》中就有:"兰膏明烛,华镫错些。"诗句的大致意思是气味芬芳的灯烛辉煌明亮,而镫锭皆雕琢错镂、华美异常。句中的"兰膏"指的是用兰类香草的籽实等炼制出的油脂,可以用来点灯照明。

说到"膏"的照明功用,韩愈的《进学解》里有这样的语句:"贪多务得,细大不捐,焚膏油以继晷[10],恒兀兀[11]以穷年。先生之业,可谓勤矣。"这些话是韩愈借弟子之口质疑教书先生的。原文里,弟子的一段话大致是说先生夜以继日的勤勉换来的却是世人的不理解、朝廷的不信任以及家庭生活的窘迫等等。当然,先生后来对学生晓之以理、动之以情,其回答可谓有理有据、发人深省。文章中的"焚膏油以继晷"一句,后来被压缩为成语"焚膏继晷"或"继晷焚膏",意谓夜以继日地勤奋学习或工作等。

其实,不论是照明用的"膏",还是可以当作美味享用的"膏",它们都是劳动人民辛勤劳作的成果,所以"民脂民膏""民膏民脂"指的都是民众用血汗换来的财富。

宋代文人张唐英在其编著的《蜀梼杌[12]》中记载了五代时期

⑨ 这个字读作 huán,指古代妇女梳的环形发髻。"舞鬟"意谓"舞娘"。

⑩ 这个字读作 guǐ,指日光。

⑪ 在此处形容刻苦勤奋的样子。

⑫ 这两个字读作 táo wù,原谓一种传说中的凶兽。在此处用的是其引申义,表示"历史"。

后蜀君主孟昶的一件事。据说，他曾经颁布过一项政令给属地官员，该政令名曰《官箴》，共二十四句，其中有："下民易虐，上天难欺。……尔俸尔禄，民膏民脂。为民父母，罔不仁慈。持为尔戒，体朕深思。"

据其他文献记载，宋太宗赵匡义[13]曾经将《官箴》一文删繁就简，并摘录其中的"尔俸尔禄，民膏民脂；下民易虐，上天难欺"十六个字颁行天下，后为黄庭坚所书。到了南宋，高宗赵构掌政，命州县长吏将黄氏书迹刻铭于座右，史称"戒石铭"。

清代文人邬仁卿编著过蒙学读本《初学晬[14]盘》，其中的"豪"韵下，也有这样两句："财用可省者便省，丝毫皆下民脂膏。"这两句话倒是教育幼童的良言。节约、爱惜劳动成果，就是对一切劳动者的尊重。

爱惜人们的劳动成果，这实际上体现了一种君子情怀；而游子对故乡的思念，同样是一种君子情怀。恰巧，"羹"这个字正好与人们的思乡情怀有关——历史上流传的"莼羹鲈脍"之说，表现的就是这样一种情怀。

宋代文人辛弃疾填过一首《满江红·卢国华由闽宪移漕建安，

⑬ 为避其兄赵匡胤名讳，后亦改称"赵光义"。

⑭ 这个字读作 zuì，古代指婴儿周岁。"晬盘"是婴儿满一周岁后"抓周"时所用的一种用具。

陈端仁给事同诸公饯别，余为酒困，卧青涂堂上，三鼓方醒。国华赋词留别，席上和韵》，他在词中写道：“纸帐梅花归梦觉，莼羹鲈脍秋风起。问人生、得意几何时，吾归矣！”词人虽于送别友人的酒宴上喝醉，但醉意朦胧中却没有忘记家乡，故而放言心声：“吾归矣！”词中的“莼羹鲈脍”语出有典，且典故涉及两位古人。

这两位古人乃西晋时期的文学家陆机和张翰，前者是东吴丞相陆逊之孙，后者则是西汉名臣张良之后。

通过查阅唐代房玄龄等人编撰的《晋书》，我们可知，陆机曾拜访过一位名叫王济的官员。由于王济是北方人，所以便指着几案上的羊酪问陆机：“卿吴中何以敌此？”陆机则举重若轻地答道：“千里莼羹，未下盐豉。”意谓吴中遍地的莼菜都不需要放调料烹制，就已经是难得的美味。

而张翰则因见洛阳城中秋风渐起，于是思念起了家乡的菰[15]菜、莼羹和鲈鱼脍，说了一句“人生贵得适志，何能羁宦[16]数千里以要名爵乎”，便毅然辞官回乡去了。

⑮ 这个字读作 gū，为多年生草本植物，生长在池沼里。其嫩茎可食，名唤茭白。

⑯ 意思是在外乡做官。

粽

zòng

粽

小篆

隶书

楷书

行书

唐代诗人白居易曾在杭州、苏州做过刺史，人们从他的一些作品中，可以觉察出诗人对江南的确有着某种情结。他有一首与好友刘禹锡的唱和诗《和梦得夏至忆苏州呈卢宾客》，诗中有云：“忆在苏州日，常语夏至筵。粽香筒竹嫩，炙脆子鹅鲜。”由于在一般情况下，端午往往就在农历的夏至前后，所以诗句中的夏至筵席上，才会飘出粽子的清香。而且在这个季节，水乡江南也是“水国多台榭，吴风尚管弦。每家皆有酒，无处不过船”。因此，回到洛阳的诗人回忆往昔，不禁吟出：“洛下麦秋月，江南梅雨天。齐云楼[1]上事，已上十三年。”看起来，诗人对十多年前在江南“齐云楼”

①中国古代有几处名叫“齐云楼”的楼阁，这里指的是唐时建在苏州子城上的“齐云楼”。据称，该楼为唐太宗李世民十四子、受封为曹王并出任过苏州刺史的李明所建。

和友人欢聚宴饮的场景始终记忆犹新，萦怀不忘。

端午节吃粽子，这是流传了数千年的中华传统。关于这种习俗的缘起，有祭神、祭祖等不同说法，但在民间流传最广也最让人们认可的，则是对战国时期楚国的伟大诗人屈原的纪念。

“粽”这个字左边的“米”表示字的意思与米有关，右边的“宗”表示字的读音与它接近。但是，右边的“宗”在小篆里原本被写作表示“鸟飞翔时把脚收敛起来”的“㚇[②]”，这个字同样表示“粽”的读音与它接近。许慎在《说文解字》中对这种字形的解释是：“芦叶裹米也。”

南梁文学家吴均在其编纂的志怪小说集《续齐谐记》里谈到了人们在端午节这一天用粽子纪念屈原的习俗。其内容大体如下：

屈原五月五日投汨罗水，楚人哀之，至此日，以竹筒子贮米投水以祭之……今五月五日作粽，并带楝[③]叶、五花丝，遗风也。

同时，作者还按照志怪小说的套路，煞有介事地说在汉代的时候，有一位长沙人见到过一位自称“三

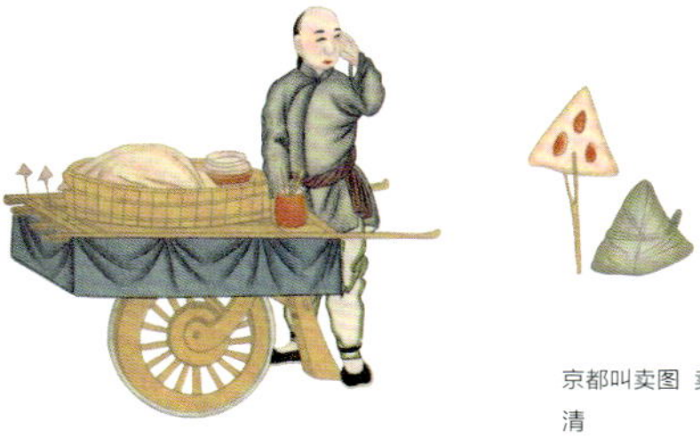

京都叫卖图 卖粽子
清
佚名

闾大夫"的人，这个人向他对人们的祭奠表示感谢，但又说竹筒里的米常常被水中的蛟龙吃掉，所以烦请人们再祭奠的时候，先用楝树的叶子把竹筒的口封起来，然后再用五彩丝线捆扎，这样，蛟龙就会因惧怕这两样东西而不再吃这些祭品了。

唐代诗人刘禹锡的《武陵书怀五十韵》中有"楝叶慰忠魂"一句，写的就是用楝树叶包裹粽子以祭奠屈原的风俗。除此之外，北宋文人朱翌《端午观竞渡曲江》中的"楝花角黍五色缕"，以及南宋理学家真德秀《端午帖子词》中的"令

② 这个字读作 zōng。由它构成的"糉"作为"粽"的异体字已经停止使用。

③ 这个字读作 liàn，指一种落叶乔木，其种子和树皮都可以入药。

节岂徒供黍楝”，说的也都是楝树与端午节的渊源。

而且，两位宋人在其各自的作品中，还提到了“角黍”和“黍”，其实，它们指的都是粽子。

宋代词人杨无咎④填过一首《齐天乐 · 端午》，词中基本囊括了江南地区端午节时的风物与习俗。全词为：“疏疏数点黄梅雨。殊方又逢重五。角黍包金，菖蒲泛玉，风物依然荆楚。衫裁艾虎。更钗袅朱符，臂缠红缕。扑粉香绵，唤风绫扇小窗午。沈⑤湘人去已远，劝君休对酒，感时怀古。慢啭莺喉，轻敲象板，胜读离骚章句。荷香暗度。渐引入陶陶，醉乡深处。卧听江头，画船喧叠鼓。”

词人写了自己在“殊方”过端午节时的见闻，“殊方”指的是外乡或者异域。当年，那里正值黄梅雨季；节日那天，到处都是粽子、菖蒲、艾叶，人们的手腕上还系着红丝线。词人还写道：想起沉江的屈原，虽然愁肠百结，但还是别让酒入愁肠吧，反而应当漫步江岸，观迷人歌舞，赏妖娆荷花，于微醺中听那画舫游船上传来的阵阵锣鼓。

而作为节日食品的“角黍”，显然是以其形状和

端阳故事图册 裹角黍
清
徐扬

食材来命名的。

“角”这个字在甲骨文里被写成“”，形似牛羊等动物头上的角，而许慎在《说文解字》中也将其释为“兽角也”。后来，它亦可被用来表示有角一类尖端的事物，而粽子就属于这样一类事物。

“黍”在甲骨文里被写成“”，形似某种农作物及其籽实，这种农作物的籽实色泽金黄且有黏性，属于糜子一类，也即“黍子”。由于它曾是制作粽子的主要材料，故而杨无咎的词里才会有“角黍包金”这样一句。

④ 亦作“扬无咎”。

⑤ “沈”在这里通“沉”，读音也是 chén。

再行一步

从“角黍”到“粽子”，从楝树叶到芦苇叶，不同时期、不同地域中存在花样繁多的食材。显然，“粽子”的名称及制作材料一直在变化着，可即便如此，端午节的习俗与文化却一直延续到了今天并成为全人类的共同遗产。

其实，节令风俗在反映一个地区、一个民族的风土民情的同时，往往也会折射出人们的意识与观念——就像人们在端午节纪念屈原，其实质就是对其峻洁伟岸的道德品质与崇高无私的爱国精神的敬重与认同。

当然，正像“每逢佳节倍思亲⑥”这句诗所表达的那样，每到节日时，思念家乡抑或亲友团聚，这是亘古不变的主题。

人们在农历正月十五时所吃的“汤圆”，其名称中就有一个团圆的“圆”字，既描摹了这种食物的形状，也包含了“月圆人团圆”的寓意。我们一般称这个节日为“元宵节”，而“元宵”则既是节日名称，也是食品名称。

“元”这个字在甲骨文里被写成“”，意谓人的头部。由于头部位于人体的顶端，所以这个字后来就产生了“顶端、开端、

⑥ 摘自王维《九月九日忆山东兄弟》。

京都叫卖图 卖元宵
清
佚名

京都叫卖图 卖月饼
清
佚名

开始”等义项。而“宵”上面的“宀”读作 mián，在古代意谓“交覆深屋”；下面的“肖”则表示“宵”的读音与它接近。“宵”最初是以“夜晚时屋子里光线昏暗”之意来寓含“夜晚”这一义项。因此，“元宵”的本义即每年的第一个月圆之夜。

元宵节有两大要素：一是节日食品；二是千姿百态的花灯。南宋诗人戴复古在《汪给事守鄂渚元宵代江夏宰吴熙仲献灯》中写道：“鄂州新得主人翁，今岁元宵便不同。灯火夜深回昼日，管弦声动起春风。”宋代文人赵彦端则填过一首《眼儿媚》，写了梅花“暗香素蕊，横枝疏影，月淡风斜”的风姿。然而，由于蜡梅绽放的时节往往临近元宵节，故而词人在结尾处写道：“元宵近也，小园先试，火树银花。”以上两篇作品中都写到了元宵节的花灯。

当然，提到“元宵”花灯，人们往往最先想到的还是唐代文人苏味道的《正月十五夜》：“火树银花合，星桥铁锁开。”

不止能观赏到节日中璀璨绚烂的灯火，人们也能品尝到软糯的节日食品——“元宵”。“元宵”又称“汤圆”“汤团”等，明代文人刘若愚在《酌中志》中曾写道：“其制法，用糯米细面，内用核桃仁、白糖为果馅，洒水滚成，如核桃大，即江南所称汤圆[⑦]者。”这里说的显然是“元宵”的制作方法——因为一般的观点是，如果“汤圆”或“汤团”有馅的话，人们在制作时，都是用糯米粉和成的面团去包裹馅料，而不会像“元宵”那样“洒水滚成”。此外，“汤圆”或“汤团”也有没有馅料的一类。

“汤”这个字在本书的《粥》字一篇中已被谈到，所以顾名思义，食用“汤圆”或“汤团”，均需用开水煮制。“圆”这个字外面的“囗[⑧]”像一块被围起来的领地，表示“圆”的意思与“环绕”有关；中间的“员”在甲骨文里被写成“”，而在它之前，甲骨文里还有“○”这种字形——它们其实都是“圆”的最初字形，意即“圆形”。因此，“员”既表示“圆”的读音与它接近，也表示“圆”的意思与“圆形”有关。由此可见，

⑦ 亦有版本作“汤团”。

⑧ 这个字读作 wéi，并非是口腔的“口”。

“汤圆”中的“圆”字即意谓其“圆形”这一本义。

“团”这个字的内部，最初为“专”的繁体字形，表示“团”的读音与它接近；而外面的“囗[9]”像一块被围起来的领地，则表示“团”的意思与“环绕”有关。许慎在《说文解字》中对“团”的解释是“圜[10]也”，显然与“圆”的含义相同。

清代文人梁章钜在其编纂的《楹联丛话全编》中记载了清代画家张鹏翀[11]的一则逸闻。据说，他曾奉旨即兴酬和“汤圆”诗。在其他人还在苦思冥想的时候，他已经脱口而出：“甘白俱能受，升沉总不惊。”在呈现出“汤圆”特征的同时，还寄托了自己的胸怀与抱负，可谓不可多得的佳作。

无论是“团”还是“圆”，这道元宵节中的美味显然有着美好的寓意，就像宋代词人赵师侠在《朝中措·乙未中秋麦湖舟中》中写的那样：“寄语姮[12]娥休笑，月圆人亦团圆。”其实，无论是八月十五还是正月十五，天上都有一轮皎洁的明月，人间都有无数享受着团圆之乐的普通人家。

⑨ 见前一条注释。
⑩ 此字在这里读作 yuán，通“圆”。
⑪ 这个字读作 chōng，意谓鸟直着向上飞。
⑫ 这个字读作 héng，“姮娥”即“嫦娥”。

脯

fǔ

脯

小篆

隶书

楷书

行书

美味的食品总是让人欲罢不能，而令人纠结的是，任何美食必然都会遇到保鲜和保质的问题。不过，这对于聪明的中华祖先而言，并非什么难题——他们在实践中早已想出了许多保存食物的有效方法，其中就包括晾晒、盐渍或烟熏等能令食材干燥从而易于保存的方法。

当代古典文学研究专家陈尚君在其编著的《全唐诗补编》中辑录了一首郑振铎先生考据出的诗。该诗为隋末唐初诗僧王梵志所作，诗中有云：“草屋足风尘，床无破毡卧。客来且唤入，地铺稿[1]荐坐。家里元[2]无炭，柳麻且吹火。白酒瓦钵藏，铛子两脚破。鹿脯三四条，石盐五六课[3]。”

①指谷类植物的茎。“稿荐”意谓草垫子。

②“元”在这里表“本来、向来”之意。

③另有版本作“颗”。

诗人刻画了贫困之家的窘况，不过所幸尚有几条可供充饥的鹿肉干。

“脯”这个字左边的“月”表示字的意思与肉有关，右边的“甫”则表示字的读音与它接近。古时候，右边的“甫”也曾被写成“父亲”的“父”，因为“父”也有 fǔ 这个读音，例如据传为三国时期诸葛亮所作的《梁父吟》。所以在那种字形中，“父”同样表示字的读音与它接近。

许慎在《说文解字》中对“脯”的解释是：“干肉也。”段玉裁在《说文解字注》里则引用东汉经学家郑玄的注释，认为古人将大块的、风干的肉称作“干肉”，而将被切成薄片后风干的肉称作“脯”；另外，还将经切块、捶捣，并被姜、桂等腌渍的肉称为“段脩”。

“干肉”的“干”这个字的字形，其实有若干种，而不同的字形又具有不同的含义：第一种即“干”这个字形本身；第二种即现在“乾坤”的“乾”这种字形，表“干燥”之意；第三种则是古代用于表示“树木主干”的一种字形。

第一种字形“干”，在甲骨文里被写成“”，

四骑吏画像砖
东汉

形似古代的盾牌，其含义也是“盾牌”。虽然盾牌属于防御性兵器，但是就像许慎在《说文解字》中对“犯”字的释义那样，“干”实际上也隐含着“侵犯”的意味，因此，我们现在仍然还在使用“干犯”这样的说法。《尚书·周书·牧誓》中有言：“称尔戈，比尔干，立尔矛。”意谓举起你们手中的“戈”，把你们手中的盾牌并在一起，竖起你们手中的长矛——这显然是对全体将士进行的战前动员，在气势上有些类似《诗经·秦风·无衣》中的“岂曰无衣，与子同袍。王于兴师，修我戈矛”。

接下来，我们再看“干④”的第三种字形。在其最初的字形中，“斡旋”的“斡”字里的“斗”被“树木”的“木”替换了。因形求义，我们可知字形中的“木”表示字的意思与“树木”有关，而剩下的部分其实也是一个字“倝”，读作 gàn，表示字的读音与它接近。后来，这种字形也出现过用现在的“干”替换原来的“木”那样一种写法，所以今人在汉字简化的时候，就把现在的“干”字确定为规范字形了。

根据《说文解字》《说文解字注》等文献中的释义，我们可知“干”的这种字形最初意谓筑土墙时所用的木头立柱，后来又引申出了“主干”等含义。这种意思，就体现在“树干、主干、躯干、干线、干部、干练”中的“干”字里。

而“干”的第二种字形，最初被写作“乾坤”的“乾”，由“乙”和被读作 gàn 的“倝”构成。但是，对于这种字形及其意义的解读，历来存在着分歧。通过比对各种观点，我们或许能得出比较合理的结论：

由于读音为gàn的“倝”本身具有“阳光灿烂”之意，所以既表示“乾”的读音与它接近，也表示“乾”的含义与“阳光”有关；同时，因“乙”具有“抽出”之意，故可知“乾”的意思与“抽出”有关。所以，这里所说的“乾”其实就是现在表示“干燥”之意的“干”的最初字形，意谓物体因其内部水分的蒸发而变得“干燥”。

④ 最初写作“乾”，后来也出现过“幹”。现在，这两种字形已不再使用。

宋代词人毛滂有一首写于季春时节的《浣溪沙·寒食初晴东堂对酒》，全词是：“小雨初收蝶做团。和风轻拂燕泥干。秋千院落落花寒。莫对清尊[5]追往事，更催新火续馀欢。一春心绪倚阑干[6]。”

⑤ 通“樽”。

这是一幅“寒食”“清明”之交的春景图。其时雨水渐少，和风吹拂，燕巢的新泥正在变干，家家户户的屋宇上又要升起新的炊烟了。

⑥ 意思同“栏杆”。

再行一步

“干燥”意义上的“干”恰好就是干肉制作方法的核心要素，同时也是干肉本身的根本特征。

梁启超于1899年1月12日曾写过一篇《政变原因答客难》，文章中有一句：“否则奸商胡闹，贪官串弊，各省矿局，只为候补人员领干脩之用，徒糜国帑[7]，如是则开矿反不如不开。”句中的“干脩”，指的是薪水、工资等。

参照前面提到的《说文解字注》中的解释，我们得知，“段脩”是指经一些调味料腌渍后再被风干的干肉，那么，“干脩”显然应当表示干肉。可是，为什么它却还有“薪水”的含义呢？

这就不得不提到“脩”这个字的意义源流了。

“脩”由“攸”和“月”构成，“攸”表示字的读音与它接近，“月”则表示字的意思与“肉”有关。许慎在《说文解字》中对“脩”的解释是“脯也”，即肉脯。需要注意的是，“脯”后来也产生了pú这种读音，表示“胸脯”，故而在使用的时候，我们要注意根据上下文来对之仔细区分。

由于“脩”所表示的干肉是一种可以送人的礼品，所以它

⑦ 在这里读作tǎng，指国库里的钱财或公款。

孔子圣绩图 退修琴书
明
仇英 绘
文徵明 书

后来就成为一种学生献给老师的礼物，而这种送礼的风尚在古代又逐渐固化为学生交学费的一种形式。

《礼记·少仪第十七》中有一句："其以乘[⑧]壶酒、束脩、一犬赐人。"唐代经学家孔颖达在疏中解释道："四马曰'乘'，故知四壶酒亦曰'乘壶'。束脩，十脡[⑨]脯也。酒、脯及犬皆可为礼也。"

《论语·述而第七》中则记录了孔子的一句话："自行束脩以上，吾未尝无诲焉。"这句话的字面意思大致是：对于那些带着干肉当学费的学生，我都会教他们的。

乍一看，孔夫子不仅收徒讲课，而且还定下了缴纳学费的规矩。其实，据后人考据，孔子这句话背后的含义是他不会因学费的多寡而影响对弟子的教育。因为相对于贵重的玉帛，区区几条干肉实在是微不足道的。

⑧ 此字在这里读作 shèng，原指由四匹马拉的车。

⑨ 这个字读作 tǐng，指条状的干肉。

正是由于“脩”具有“学费”这一类含义，所以它后来就产生了“酬劳、薪酬、薪水”等义项。

曾国藩曾写过一首《刘叟诗》，诗中云：“束脩敛薄少，岁获偿蓘穮[10]。”作者在这首诗中称赞一位刘姓劳动者，说他虽然住在穷乡僻壤且家境贫寒，但他年年辛勤劳作，并尽心尽力地赡养父母、抚育儿女，故而获得了乡邻和官员的称扬。

谈到辛苦的“刘叟”，我们不禁也会想到白居易的五言诗《燕诗示刘叟》，全诗是：

梁上有双燕，翩翩雄与雌。衔泥两椽间，一巢生四儿。四儿日夜长，索食声孜孜。青虫不易捕，黄口无饱期。嘴爪虽欲弊，心力不知疲。须臾十来往，犹恐巢中饥。辛勤三十日，母瘦雏渐肥。喃喃教言语，一一刷毛衣。一旦羽翼成，引上庭树枝。举翅不回顾，随风四散飞。雌雄空中鸣，声尽呼不归。却入空巢里，啁啾终夜悲。燕燕尔勿悲，尔当返自思。思尔为雏日，高飞背母时。当时父母念，今日尔应知。

这首诗显然是借“燕子”喻人，提醒人们莫忘父母的养育之恩。

汉魏年间，“建安七子”中的陈琳在其乐府诗《饮马长城窟行》中有云：“生男慎莫举。生女哺用脯。”从表面上看，这位征夫

⑩ 这两个字读作 gǔn biāo，原作“培土、除草”之意讲，后来泛指“辛勤劳作”。也有“穮蓘”一说。

的留守妻子对生儿、生女的态度截然不同，主张若生下儿子就不要养育，但如生下女儿，则要细心地用肉脯等喂养她长大。这种主张显然与封建时代“重男轻女”的观念背道而驰——莫非在汉魏时期就已经有了男女平等甚至是“重女轻男”的理念？

实际上，上述诗句反映的是老百姓对于连年征战所导致的生灵涂炭、骨肉分离的无奈，故而在内心深处不希望生下儿子并送他上战场去充当“炮灰”，这就像杜甫在《兵车行》中所写的：“信知生男恶，反是生女好。生女犹得嫁比邻，生男埋没随百草。”

由此可见，说出这样的话，并非是因为父母的心肠冷硬如铁，反而是由于他们对儿女爱之如命，所以才会在这人命如草芥的战乱年代说出这般椎心泣血之语。

反观儿女，我们是否能够像由宋代养生大家陈直撰著、元代文人邹铉增补的《寿亲养老新书》中所写的那样，“漆筒合[11]子贮脯脩、干果、嘉蔬各数品，饼饵少许，以备饮食不时应猝[12]”，在父母旅行之前帮他们细心准备。至少，美食当前之时，我们是不是应当在心里想一想生我养我的父母，感念一下为我们提供着源源不断的滋养而使我们得以一代代生存繁衍的中华沃土？

⑪ 通“盒”。

⑫ 亦作“应卒”，意谓应急。

图书在版编目（CIP）数据

饮食字传．品物篇 / 张一清著．—济南：山东友谊出版社，2019.3

ISBN 978-7-5516-1809-0

Ⅰ．①饮… Ⅱ．①张… Ⅲ．①汉字–通俗读物 Ⅳ．① H12-49

中国版本图书馆 CIP 数据核字 (2019) 第 047693 号

图书策划：姜海涛
责任编辑：陈　菁　王　苑
装帧设计：姜海涛　安树仁
内文插画：知更鸟插画生活馆

主管单位：山东出版传媒股份有限公司
出版发行：山东友谊出版社
地　　址：济南市英雄山路 189 号　邮政编码：250002
电　　话：出版管理部（0531）82098756
　　　　　市场营销部（0531）82098035（传真）
印　　刷：山东临沂新华印刷物流集团有限责任公司
版　　次：2019 年 4 月第 1 版
印　　次：2019 年 4 月第 1 次印刷
规　　格：135mm × 185mm　32 开
印　　张：6.25
字　　数：112 千字
定　　价：39.00 元